Die Königin der Nacht

Sarastro

Die drei Damen

Monostatos

Waltraute Macke-Brüggemann / Kurt Brüggemann

MOZARTS OPER »DIE ZAUBERFLÖTE«

JUBILÄUMS-AUSGABE
100 JAHRE MUSIKVERLAG MAX HIEBER

Copyright 1984 by Musikverlag Max Hieber München

1. – 5. Tausend Juli 1984

6. – 10. Tausend April 1985

11. – 17. Tausend Oktober 1987

Typographische Gestaltung: Waltraute Macke-Brüggemann

Fotosatz und Offsetdruck: A. Miller & Sohn, Traunstein

Lithos: Th. Simon KG, Rosenheim

Notensatz: Satz+Grafik GmbH, Planegg

Bindung: M. Hörmann, Rosenheim

Printed in Germany

ISBN 3-920456-02-5

MH 9003

MOZARTS OPER

DIE ZAUBERFLÖTE

mit Bildern von Waltraute Macke-Brüggemann
Erzählt und erklärt von Kurt Brüggemann

Inhalt

ERSTER TEIL

Wer Augen hat, der schaue nun!
Wer Ohren hat, der lausche nun!
Wer lesen kann, der lese nun!
Denn hier fängt sie an, die wundersame Geschichte.

Und weil wir wohl wissen, was sich zugetragen,
aber nicht wissen, wann es sich zugetragen hat, beginnt

DIE GESCHICHTE VON DER ZAUBERFLÖTE

wie so viele alte Geschichten mit den Worten:
Es war einmal . . .

Es war einmal ein Prinz, der hieß Tamino. Sein Vater herrschte im fernen Morgenlande als Fürst über ein weites Reich. Aber wie das so oft ist: der junge Tamino mochte nicht daheim bei seinen Eltern bleiben. Es trieb ihn in die Welt hinaus. Er wußte nicht genau, wonach er sich sehnte. Das Unbekannte, das Abenteuer war es, das ihn fortzog. Darum nahm er seinen Bogen und einen Köcher voller Pfeile mit. Und so wanderte er ziellos bald durch weite Steppen, bald an den Ufern der Flüsse entlang, hetzte hier eine Antilope, verfolgte dort die Spur eines Hirsches und verschoß aus wilder Freude an der Jagd so nach und nach alle seine Pfeile.

Aber eines Tages verirrte er sich in einer Felsenschlucht. Seltsame Bäume wuchsen darin. Schlingpflanzen hemmten seine Schritte. Und aus großen dunklen Blüten strömte betäubender Duft. Als es finster wurde, wußte Tamino nicht, ob er wache oder träume.

Plötzlich ereignete sich etwas Entsetzliches. Eine riesige Schlange kroch aus dem gähnenden Felsenspalt näher, immer näher und näher und drängte Tamino in die Enge. Vergeblich rief er um Hilfe, denn er konnte sich nicht wehren. Zwar hielt er seinen Bogen in der Hand. Aber all seine Pfeile hatte er vergeudet. Drohend richtete sich das Ungeheuer vor ihm hoch und riß den Rachen auf. Tamino erstarrte, als er die gespaltene Zunge und die Giftzähne sah. Er konnte sich nicht von der Stelle rühren, wie das in schrecklichen Träumen geschieht. Es wurde ihm schwarz vor Augen. Und war es nun, daß er das Bewußtsein verlor oder in Tiefschlaf sank – er nahm nicht mehr wahr, was weiter geschah.

Schon wollte die riesige Schlange den zu Boden Gestürzten verschlingen. Da tauchten aus der geheimnisvollen Dämmerung drei schwarz verschleierte Gestalten auf, um das Schicksal des Prinzen blitzschnell zu wenden. Sie schleuderten silberne Speere gegen den Kopf der Schlange. Und zuckend verendete das Ungeheuer.

Die Gestalten kamen näher. Sie schlugen ihre Schleier zurück. Wäre Taminos Seele nicht in abgrundtiefe Nacht versunken, hätte er sehen können, daß drei Damen seine Retter waren. Sie betrachteten ihn mit Wohlgefallen. Im Herzen einer jeden regte sich der Wunsch, die Liebe des schönen Prinzen zu gewinnen. Doch das war ihnen nicht erlaubt. Sie durften nicht verweilen. Sie dienten einer mächtigen Göttin. Von ihr wurden sie ausgeschickt. Ihr mußten sie unverzüglich berichten, was sich ereignet hatte. Und so verschwanden sie geheimnisvoll, wie sie erschienen waren.

Als Tamino die Augen aufschlug, sah er nur die gräßliche Schlange, die tot vor seinen Füßen lag. „Träume ich?" fragte er verwirrt und begann zu ahnen, daß er sein Leben dunklen Schicksalsmächten verdankte.

Auf einem Pfad zwischen Schilf und Weidengeäst näherte sich, lustig pfeifend und trällernd, eine sonderbare Gestalt. Im grauen Morgenlicht konnte Tamino nicht erkennen, ob es ein großer Vogel oder ein Mensch war. Hinter einem Felsen beobachtete er den Näherkommenden. Und leise sprach er zu sich selbst: „Ein Vogel ist das wohl nicht. Nein, nun seh ich's! Er pfeift auf einer Panflöte, die er sich aus Schilfrohr geschnitten hat. Und jetzt hör ich's! Er trällert mit der Stimme eines jungen Mannes und singt seine Melodie auf richtige Worte wie ein Mensch. Aber ein Mensch kann's doch nicht sein. Er ist ja über und über mit bunten Federn bedeckt. Womöglich ist er so etwas dazwischen. Ein Vogelmensch vielleicht?" Tamino entsann sich der farbenprächtigen Bilder, die er in morgenländischen Sagenbüchern gesehen hatte. ,Wahrscheinlich gibt es wirklich Vogelmenschen', dachte er und wollte sich darüber Gewißheit verschaffen. Darum trat er hinter dem Felsen hervor und rief: „Heda, Lustiger! Sag! Wer bist du?"

„Hast du nicht gehört, was ich gesungen hab? Ein Vogelfänger bin ich." Diese Antwort leuchtete dem Prinzen ein. Denn der fröhliche Panflötenspieler nahm einen großen Käfig von seinem Rücken und stellte ihn auf die Erde. Hinter den Gitterstäben flatterten ängstlich viele Vögel.

Hörbeispiel

Die beiden kamen ins Gespräch. Tamino erfuhr, daß der Vogelfänger Papageno hieß. Papageno hörte, daß Prinz Tamino aus dem Morgenlande komme. Doch das begriff der Vogelfänger nicht: „Hinter diesen Bergen soll es andere Länder und Menschen geben?" Nein, davon hatte er nie gehört. Er kannte nicht einmal seine Eltern. Er konnte nur erzählen, daß er in einer Schilfhütte wohne und vom Tauschhandel lebe: „Schau meinen Käfig an! So viele Vögel liefere ich täglich an die Dienerinnen der sternflammenden Königin." – ‚Nun weiß ich endlich', dachte Tamino, ‚in wessen Reich ich mich verirrte'. Und er fragte den Vogelfänger, ob er die Göttin der Nacht schon einmal gesehen habe. Papageno schüttelte den Kopf über soviel Einfalt. „Kein Sterblicher kann sie sehen", erklärte er, „kein menschliches Auge blickte je durch ihren dunklen Schleier."

Über diese Sprüche wunderte sich Tamino. Er vermutete, daß der Vogelmensch ein höheres Wesen im Dienste der nächtlichen Königin sei. Darum fragte er ihn: „Hast d u diese Schlange getötet?" Papageno schrak zusammen. Jetzt erst sah er das verendete Untier. Es fehlte nicht viel, so wäre er vor Grausen davongelaufen. Vorsichtig überzeugte er sich, daß die Schlange wirklich tot und unschädlich war.

„Willst du mir nicht verraten, wie du das Ungeheuer besiegt hast?"
fragte Tamino, „ganz ohne Waffen?" Als Papageno hörte, daß ihm
Heldenmut zugetraut wurde, blähte er sein Federkleid vor Stolz auf
und bemerkte beiläufig: „Wozu Waffen? Ich packte dieses Vieh da mit
der Hand am Hals, drückte mit meinen Riesenkräften zu und
erdrosselte es einfach."

Kaum hatte der Vogelfänger sich so keck gebrüstet, da bekam er
wieder einen Schreck. Aus einem dunklen Felsenspalt erschienen die
drei Verschleierten, hoben den Zeigefinger und riefen drohend:
„Papageno!" Ihm schwante nichts Gutes. Er versuchte, die
geheimnisvollen Damen gnädig zu stimmen, indem er ihnen schnell
die erbeuteten Vögel brachte. Aber die Dienerinnen der nächtlichen
Göttin blieben erzürnt. Die erste belohnte Papageno statt mit Wein
mit einem Krug Wasser. Die zweite gab ihm statt Brot einen Stein. Die
dritte legte ihm als Strafe für seine Prahlerei ein Schloß vor den Mund.
Dann fragte sie streng: „W e r hat die Schlange getötet?" Papagenos
Zunge war gefesselt. Wie sollte er Antwort geben? Er konnte nur
seine Federn schütteln und brummeln: „hm hm!"

Dem Prinzen aber verkündeten die drei Verschleierten: „W i r erlegten die Schlange!" Dann reichten sie ihm ein kleines Gemälde. „Schau, was dir unsere Herrin schickt! Es ist das Bildnis ihrer Tochter." Und sie prophezeiten ihm Glück und Ruhm.

Taminos Blick war sofort von dem Bildnis gefesselt. Es stellte eine junge Göttin von atemberaubender Schönheit dar. Seine Seele flammte auf. Denn hier erblickte er plötzlich sein unbekanntes Ziel. Ohne daß er es wußte, wohnte dieses Bild seit eh und je auf dem Grunde seiner Seele. Nun sah er es vor seinen Augen strahlen. Was er als Knabe nicht verstand, wenn er davon reden hörte, das überwältigte ihn jetzt: – das Feuer der ersten Liebe.

„Das Bildnis, das du anbetest", sagten die Verschleierten, „zeigt dir Pamina. Ihre Mutter, die mächtige Königin, vertraut auf deine Tapferkeit. Denn das himmlisch schöne Mädchen wurde von einem grausamen Tyrannen geraubt."

Tamino ballte die Fäuste vor Eifersucht. Schon wollte er davonstürmen und um das geliebte Mädchen kämpfen. Da grollten Donner in den Bergen. Das Tageslicht erlosch. Am Himmelszelt flimmerte das Heer der Sterne. Und dem Prinzen erschien im silberbleichen Mondlicht die thronende Königin der Nacht. Sie klagte den Übeltäter an, der ihr die Tochter entrissen habe. Ihre sternenferne Stimme klang eisig wie die Weltennacht. „Befreie Pamina aus der Gewalt des Entführers!" forderte sie. „Gelingt dir die Heldentat, dann soll meine Tochter auf ewig die Deine sein!"

Als die Erscheinung mit all ihrer Mond- und Sternenpracht
verschwunden war und der Himmel sich wieder lichtete, stand Tamino
wie betäubt. Er sann, ob es Traum oder Wirklichkeit sei, was er
gesehen und gehört hatte. Da kam ihm der Vogelfänger entgegen.
Er machte ein jämmerliches Gesicht und konnte nichts als „hm hm"
mümmeln. Doch der Arme wurde nicht länger geplagt. Die
Verschleierten nahmen ihm das Schloß vom Mund. Und sofort begann
Papageno wieder, lustig zu plaudern. „Ja, plaud're nur", sagten die
drei Damen, „aber schmücke dich nicht mit fremden Federn!"

Sodann überreichten die Verschleierten dem Prinzen ein Geschenk
der Königin: „Nimm diese wunderbare Flöte! Ihre Zaubertöne
werden dich schützen in jeder Gefahr."

Als Papageno das Wort ‚Gefahr‘ hörte, wollte er sich davonschleichen. Doch die drei Damen hielten ihn zurück: „Höre, was dir die mächtige Königin befiehlt! Du sollst den Prinzen begleiten und mit ihm gegen den tückischen Sarastro kämpfen."

Aus dieser Botschaft hörte Tamino zum ersten Mal den Namen seines Gegners. Papageno hörte nur das Wort ‚kämpfen‘. „Das ist meine Sache nicht", gestand er ein. Von den Verschleierten selbst hatte er gehört, daß Sarastro ein schrecklicher Unhold sei. Mit Beklemmung erinnerte er sich an den Anblick der giftigen Schlange. Und er fürchtete, Sarastro könne ein Tiger sein und ihn samt allen Federn in tausend Stücke zerreißen. Heimlich zürnte er sogar dem Prinzen, der ihn in so aufregende Geschichten verwickelte.

Doch Papageno wurde von seinen ängstlichen Gedanken abgelenkt. Die Verschleierten überreichten auch ihm ein wunderwirkendes Musikinstrument. „Unsere Herrin schickt dir dieses kleine Glockenspiel", sagten sie, „spiele deine Lieder darauf und fürchte nichts mehr. Die silberhellen Töne werden dich beschützen." Entzückt empfing Papageno das unerwartete Geschenk.

„Euch wird Hilfe zuteil", kündigten die geheimnisvollen Damen an, „drei Genien werden euch voranschweben und den rechten Weg weisen." Und sie erklärten ihnen, daß solche Geister der Luft so frei und elfenleicht seien wie liebliche Morgenwinde. „Keiner Macht sind sie untertan. Sie wehen, woher und wohin sie wollen, von Menschen ungesehen. Euch beiden aber werden sie als drei Knaben erscheinen."

Als Tamino und Papageno aufbrachen, wußten sie nicht, ob ihre Reise kurz oder lang, leicht oder beschwerlich werde. Sie ahnten nur, daß sie sich nach Osten wenden mußten, um Sarastro zu finden. Der Prinz hielt Ausschau nach den drei Knaben. Doch so launisch, wie Winde allemal sind, schienen auch die versprochenen Helfer zu sein. „Sie lassen sich nicht blicken", sagte Tamino.

Papageno war es leid, alle Augenblicke stehen zu bleiben und nach den drei Knaben zu spähen. „Als erfahrener Vogelfänger werde ich den Weg auch allein finden", meinte er. Und so trennte er sich von Tamino und lief munter voraus. Als der Wald endlich lichter wurde, sah Papageno in weiter Ferne Sarastros Palast.

In diesem Palast fehlte es Pamina an nichts. Sie konnte in prächtigen Gemächern ruhen oder im herrlichen Gartenhof zwischen Rosenbeeten und Springbrunnen spazierengehen. Warum Sarastro sie gefangen hielt, wußte Pamina nicht. Er war zu ihr voll väterlicher Güte und Freundlichkeit, wie es einer Königstochter gebührt. Doch ihr junges Herz sehnte sich heim nach der Mutter.

Und dann war da noch etwas, das ihr das Leben im Palast zur Qual machte. Monostatos, der Aufseher der Wächter, stellte ihr nach. Daß die Wüstensonne seine Haut dunkel gebrannt hatte, störte Pamina gar nicht. Gab es doch in der Dienerschaft viele Mohren, die gute liebe Menschen waren und Mitleid hatten, wenn sie sahen, wie herrisch der Aufseher die arme Gefangene bedrängte. Ja, dieser Monostatos war eine Ausnahme. Die guten Mohren schämten sich für ihn. „Schaut!" flüsterten sie einander zu, „wie ein Barbar benimmt er sich. Fordert Liebesgunst mit unverhohlener Gier." Und sie verstanden alle, warum das zarte Mädchen Angst und Abscheu vor Monostatos empfand. Auch überraschte es die Schar der Diener nicht, daß Pamina versuchte, aus dem Palast zu entfliehen. Sie lachten sich sogar ins Fäustchen, als sie dem lüsternen Aufseher entwischt war. Doch die Freude dauerte nicht lang. Monostatos entdeckte Paminas Fluchtversuch. Und die Dienerschaft mußte mit ansehen, wie er das scheue Mädchen in den Palast zurückjagte. Als er ihr Fesseln anlegte, sank sie vor Angst in Ohnmacht. Das war dem selbstsüchtigen Monostatos gerade recht. Aufgeregt trieb er alle Diener aus dem Gemach, um allein mit dem schönen Mädchen zu sein und es in seine Gewalt zu bringen.

Doch dazu kam es nicht. Denn im gleichen Augenblick hatte Papageno den Palast erreicht, durch ein Fenster gelugt und Pamina auf einem Diwan liegen sehen. Als er neugierig eintrat, stand er plötzlich dem Aufseher gegenüber. Und nun ereignete sich etwas Drolliges. Monostatos erschrak vor Papagenos Federkleid. Er hielt ihn für den Teufel, der ihn wegen seiner bösen Absicht in die Hölle holen wolle. Papageno, der noch nie einen Mohren gesehen hatte, hielt Monostatos ebenfalls für einen Teufel, weil im Reich der nächtlichen Königin soviel Gruseliges über Sarastro erzählt wurde. Und so schrieen beide „Huh!" und rannten entsetzt voreinander davon.

Inzwischen erwachte Pamina aus ihrer Ohnmacht und erkannte weinend, daß sie nicht bei ihrer Mutter, sondern wieder gefangen war. Auch Papageno kam zu sich und faßte sich an den Kopf: „Bin ich ein Narr, daß ich mich so erschrecken lasse? 's gibt Raben und Krähen. Warum soll's nicht auch schwarze Menschen geben? Doch seh ich recht? Sie ist erwacht! Ja wahrhaftig! Sie ist es, die Tochter der nächtlichen Königin!" Pamina hörte erstaunt den Namen ihrer Mutter. Und was sie von Papageno erfuhr, waren aufregende Neuigkeiten für sie: daß nämlich er und ein junger Prinz aus dem Morgenlande von ihrer Mutter ausgesandt wurden, daß er und Prinz Tamino sie befreien wollen, daß der schöne Prinz mächtig verliebt in sie sei, nachdem er nur ihr Bildnis gesehen habe, daß . . ."

„Aber wo ist er, der mich liebt?" unterbrach Pamina das Geplapper des Vogelfängers, „wo ist denn der Prinz, der mich befreien will?"

„Ich bin vorausgeeilt. Er kommt nach, wenn er den Weg findet."

„Er liebt mich", rief Pamina, „er wird mich finden!" Und obwohl sie ahnte, in welche Gefahren sich ihre Befreier begaben, schlug ihr Herz voller Hoffnung.

Lange irrte Tamino durch Felsenschluchten und hielt immer wieder Ausschau. Plötzlich fiel Sonnenlicht auf seinen Pfad. Und unversehens waren sie da, die drei Knaben! Ihre kurzen Gewänder schillerten wie Libellenflügel. In den Händen trugen sie silberne Palmenzweige. „Dein Weg führt dich zum Ziel", ermutigten sie den Prinzen, „werde ein Mann, dann wirst du siegen!" Sehr ernst fügten sie hinzu: „Sei standhaft – duldsam – und verschwiegen! –" Tamino wollte vor allem wissen, ob er Pamina retten könne. Die Knaben gaben darauf keine Antwort. Sie wiederholten nur ihre Mahnung. Und ehe sie geschwind wie der Wind entschwebten, lenkten sie Taminos Blick auf majestätische Bauwerke, die fern im milden Licht der Morgensonne leuchteten.

Über Marmorstufen erreichte Tamino einen weiträumigen Vorhof und schritt auf drei ägyptische Tempel zu. Als er die wunderbare Ordnung der Säulenreihen wahrnahm, hielt er inne. Erwartet hatte er die düstere Zwingburg eines Tyrannen. Nun sah er Heiligtümer, klar und schön im Morgenglanz. Er stand vor einem Rätsel. Hatte die Königin der Nacht nicht mit den dunkelsten Farben ein Bild des Gegners in seine Seele gemalt? Hielt Sarastro nicht grausam die geliebte Pamina gefangen? „Sie zu retten, ist meine Pflicht", sagte er und ging mutig auf das linke Bauwerk zu. Am Giebel stand geschrieben TEMPEL DER NATUR. Er klopfte an die Pforte und erschrak. Denn aus dem Inneren hallte der Ruf „Zurück!" Am Giebel des rechten Bauwerkes las er die Worte TEMPEL DER VERNUNFT. Er pochte. Und wieder hörte er den Ruf „Zurück!" Am mittleren und größten Tempel stand die Inschrift TEMPEL DER WEISHEIT. Ungeduldig schlug Tamino mit der Faust gegen die Pforte.

Ein Priester in lichtem Gewand öffnete und fragte den Prinzen mit ruhevoller Stimme, was er im Heiligtum suche. „Liebe und Tugend!" rief Tamino. „Du kannst sie nicht finden", sagte der würdevolle Mann, „weil Rachsucht dich treibt." „So weißt du, daß ich Sarastro hasse?" „Ich weiß es. Doch nenne deinen Grund!" „Er ist ein Unmensch!" „Ist das erwiesen?" „Ja!" behauptete Tamino, „erwiesen durch die unglückliche Frau, der er die Tochter raubte." „Ihr allein glaubst du also, bevor dir Sarastro den Grund seiner Handlung erklärte?" Tamino schwieg. Er begann zu erkennen, daß sein übernommenes Urteil ungerecht sein könne. „So sag mir", bat er, „wann ich Sarastros Gründe höre!" Mit väterlicher Stimme sprach der Priester: „Sobald dich Freundeshände in unser Heiligtum führen." Still wurde die Pforte geschlossen. Doch der Prinz rief schmerzvoll: „Bleib noch! Sag mir noch! Lebt Pamina?" Da hörte er im Inneren des Tempels geheimnisvolle Stimmen raunen: „Pamina – lebt!"

Getröstet stieg Tamino die Marmorstufen hinunter in den Schatten der Palmen. Dort hob er, erfüllt von Dankbarkeit, die Zauberflöte an die Lippen und spielte, was sein Herz ihm eingab. Wundersames ereignete sich. Wilde Tiere kamen herbei, legten sich friedlich nieder, lauschten besänftigt den Zaubertönen und begannen schließlich voller Anmut rund um Tamino zu tanzen.

Währenddessen wartete Papageno vergeblich auf den Prinzen. „Wo der nur bleibt? Stunde um Stunde vergeht ungenützt", murmelte er und lief bald an dieses, bald an jenes Palastfenster, spähte hier hinaus und spähte dort hinaus. Er legte sogar die Lippen an die Panflöte und ließ seinen lustigen Vogelruf ins Freie schallen, um dem Prinzen den Weg zu weisen. Plötzlich hörte er, wie Tamino in der Ferne auf der Zauberflöte den Lockruf nachspielte. Nun wußte der Vogelfänger, daß der Prinz auf dem rechten Weg war und bald eintreffen mußte. Darum faßte er sich ein Herz und versuchte heimlich mit Pamina aus dem Palast zu entfliehen.

Doch Monostatos schlief nicht. Hinter einer Säule hatte er listig das verdächtige Hin- und Herschleichen des Vogelfängers beobachtet. Er hatte auch das Panflötensignal und sein Echo gehört. Als nun Papageno und Pamina auf Zehenspitzen durch die halboffene Palastpforte schlüpfen wollten, schlug Monostatos Lärm und befahl der herbeieilenden Wache, die beiden Ausreißer mit Ketten zu fesseln.

In dieser höchsten Gefahr kam dem Vogelfänger ein rettender Gedanke. „Wozu wurde mir denn ein glückbringendes Glockenspiel geschenkt?" fragte er sich. „Ist dies nicht der rechte Augenblick, seine Wunderwirkung zu erproben?" Und wahrhaftig! Es geschah Erstaunliches. Denn kaum hatte Papageno die ersten Töne angeschlagen, da begann Monostatos sich um sich selbst zu drehen wie ein Kreisel. Die Wächter ließen die Ketten fallen. Auch sie gerieten in den Zauberbann der Musik und tanzten nach den silberhellen Tönen. Pamina schaute verwundert auf das unfaßliche Geschehen und vergaß dabei ihre Ängste. Denn je lustiger Papagenos Glöckchen klangen, desto toller wurde das Drehen und Wirbeln und Hüpfen und Springen all der Wächter und Diener. Ob sie wollten oder nicht, sie konnten gar nicht anders. Sie mußten tanzen, solange Papageno ihnen aufspielte. Und er spielte sie allesamt zum Palast hinaus.

Draußen wurden Papagenos Glöckchen plötzlich von feierlichen Akkorden übertönt. Ein Schreck fuhr ihm durch die Glieder. Denn Pamina bestätigte seine Befürchtung. Die Rufe der Trompeten kündigten Sarastro an. „Wenn er uns entdeckt", flüsterte der Vogelfänger, „was sagen wir dann?" „Die Wahrheit", entschied Pamina, „nichts als die Wahrheit."

Herrlich wie das Morgenlicht war Sarastro anzuschauen. Er stand auf einem Triumphwagen, den sechs Löwen mit königlicher Würde zogen. Krone und Mantel des Hohenpriesters schmückten ihn. Auf seiner Brust strahlte ein goldenes Bild der siegreichen Sonne. Achtzehn Priester des Weisheitstempels begrüßten ihn. In ihren Händen hielten sie Palmenzweige. Und zum hellen Klang der Trompeten hallte ihr Huldigungsgesang weithin über den Vorhof des Tempels.

Als Sarastro vom Wagen stieg, kniete Pamina nieder und gestand ihm, daß sie fliehen wollte. Sarastro hob sie väterlich zu sich empor. „Ich weiß, was dich bedrückt", sagte er mild, „doch du würdest um dein Glück gebracht, ließ ich dich zurückkehren ins dunkle Reich deiner Mutter. Noch weißt du nicht, was die Götter dir bestimmt haben. Mir wurde aufgetragen, dich zu behüten und zu lenken."

Mehr konnte Sarastro nicht sagen. Denn plötzlich war Lärm und Gezeter zu hören. Der eifrige Wächter Monostatos hatte den Prinzen ergriffen und zerrte ihn höhnisch vor seinen Gebieter. Tamino schaute sich um und erkannte aus all den vielen Menschen, die sich versammelt hatten, sofort Pamina. Und Pamina erkannte auf den ersten Blick, daß der Eingefangene der sehnlich erwartete Prinz war. Mit einem Freudenruf stürzten sie einander in die Arme. Empört trennte sie Monostatos. Dann kniete er unterwürfig vor seinem Herrn. Doch statt der erwarteten Belohnung wurde ihm die verdiente Strafe angedroht. Denn Sarastro hatte diesen ungetreuen Diener längst durchschaut und kannte sein unlauteres Begehren.

Dann wandte sich Sarastro an die Priester: „Verhüllt nun die Häupter der Fremdlinge und führt sie in den Prüfungstempel! Ihre Seelen müssen geläutert werden." Und zum Prinzen sagte er: „Verblendet war dein Urteil von Trugbildern der Nacht. Erwachen mußt du zur Klarheit des Tages. Dein Weg ist schwer. Doch erkennst du den Sinn, darf Pamina die Deine werden." Wie ein Sohn schaute Tamino in Sarastros Vateraugen, die hell und gütig auf ihm ruhten. Willig ließ er sich die Zauberflöte abnehmen und das Haupt verhüllen.

Dem Vogelfänger war die Zeremonie nicht geheuer. Er gab sein Glockenspiel ungern her und zappelte trotzig, als ihm ein Sack über sein Federkleid gestülpt wurde. Dann aber ließ auch er sich an der Hand eines Priesters in den unterirdischen Tempelbezirk führen.

In einem Palmenhain versammelte Sarastro die Priesterschaft und sprach: „Dreimal klopfte ein junger Prinz an unsere Pforten und begehrte Einlaß in den Tempel der Weisheit. Schon fallen die Schleier der Nacht von seinen Augen. Wollen wir ihm die Freundeshand reichen?" Als Zeichen der Zustimmung bliesen die Priester auf schlanken ägyptischen Posaunen dreimal einen feierlichen Akkord. „Die Götter bestimmten Pamina für Tamino", fuhr Sarastro fort. „Mir wurde auferlegt, göttliches Gebot zu erfüllen und Pamina ihrer hohen Bestimmung zuzuführen. Darum mußte ich an ihres Vaters Stelle treten und sie der Macht der Mutter entziehen. Wie ihr wißt, strebt die nächtliche Königin über ihren Wirkungskreis hinaus. Sie will mir den siebenfachen Sonnenkreis entreißen und das Lichtreich mit ihrem Schleier verdunkeln. Das soll ihr nicht gelingen. Tamino, den sie für ihren Anschlag zu gewinnen suchte, wird als Eingeweihter sein Leben in den Dienst des Lichtes stellen." Wieder bliesen die Priester dreimal den feierlichen Akkord. Dann ergriff der Sprecher das Wort: „Ist die Seele des Prinzen stark genug für die harten Prüfungen? Wenn sein Geist ihn an der Schwelle des Todes verläßt?" „Dann", sagte Sarastro, „werden Isis und Osiris sein Streben belohnen und ihn zu sich nehmen in ihr Reich." Zum dritten Mal bliesen die Priester. Und mit hymnischem Gesang baten sie das Götterpaar, den Fremdlingen Stärke zu verleihen auf ihrem Prüfungsweg.

Im unterirdischen Tempel wurde Tamino vom Sprecher ermahnt: „Prinz, du bist zur Herrschaft über andere geboren. Darum erwarten die Götter von dir, daß du zuvor erlernst, dich selbst zu beherrschen. Was auch geschehe, bewahre ein heilsames Schweigen. Sogar mit Pamina sollst du nicht sprechen. Gelobe, dieses Gebot männlich zu halten, dann wirst du einst an der Seite Paminas als weiser Fürst regieren."

Auch der Vogelfänger sollte belehrt werden. Doch er erklärte klipp und klar, daß er gar nicht nach Weisheit verlange. „Ich bin zufrieden, wenn ich zu essen und zu trinken hab. Mir fehlt nur noch ein Weibchen." „Die Götter werden dir Papagena geben", sagte der Priester, „ein Mädchen, jung und schön!" „Die möcht ich gleich mal sehn!" rief der Vogelfänger. „Du wirst sie sehen. Aber hüte dich vorm Plaudern!"

Kaum hatten die Berater den Prinzen und den Vogelfänger allein gelassen, da erschienen die drei Verschleierten und riefen: „Ihr seid verloren! Sarastro läßt euch umkommen an diesem Schreckensort!" Sofort wollte Papageno ängstliche Fragen stellen. Aber der Prinz mahnte ihn an das Gebot. Er hatte den Sinn der Prüfung verstanden. Auch erinnerte er sich deutlich an die ernsten Worte der drei Knaben. Und so versuchten die Botinnen der Finsternis vergeblich, Sarastro anzuschwärzen.

Ein Donnerschlag erscholl durch die unterirdischen Hallen. Die Verschleierten waren verschwunden. Papageno aber hatte sich auf den Boden geworfen und jammerte: „Weiß der Teufel, wie ich hier hineingeraten bin! Warum muß ich denn alle diese Schrecken erdulden? Hab mich wahrlich nicht dazu gedrängt." Dann aber dachte er an das Mädchen Papagena und tappte weiter hinter dem Prinzen her.

In einer Rosenlaube des Palastes schlief Pamina. Der Vollmond war aufgegangen. Auf Zehenspitzen schlich Monostatos näher. Getrieben von dunkler Begierde, wollte er das wehrlose Mädchen küssen. Da bebte die Erde mit furchtbarem Grollen. Wie aus einem Alptraum schreckte Pamina auf. Ganz nah sah sie die lüsternen Augen des Unholds. Doch Monostatos glitt geschwind hinter eine Säule. Im gleichen Augenblick fuhr die Göttin der Finsternis aus einer klaffenden Erdspalte empor. „Mutter!" rief Pamina, „schütze mich!"

„Ich kann dich nicht schützen", sagte die Königin, „meine Macht ist begrenzt auf mein Reich. Sie schwindet hier, wenn der Mond verblaßt." Pamina fragte nach dem Grund. „Du sollst ihn erfahren, unwissendes Kind! In seiner letzten Stunde ließ dein Vater zwar die Zauberflöte in meiner Obhut. Den siebenfachen Sonnenkreis aber, den ich leidenschaftlich begehre, gab er nicht mir, sondern Sarastro. Er und seine Eingeweihten sollen ihn hüten." „Dann wird der Prinz mich schützen", sagte Pamina. „Nein!" rief die Königin, „Tamino ist für dich verloren. Willst du ihn zurückgewinnen, so überrede ihn, vor Morgengrauen mit dir zu fliehen. In deiner Hand liegt es, ob der Prinz dir oder den Eingeweihten gehören wird."

Nach diesen Worten nahm das Gesicht der Königin die verzerrten Züge einer Rachegöttin an. „Ergreif diesen Dolch!" befahl sie, „stoß ihn in Sarastros Brust und bring mir den siebenfachen Sonnenkreis!" „Töten soll ich?" sagte Pamina entsetzt, „Sarastro ist gut zu mir wie ein sorgender Vater." „Du verteidigst ihn?" schrie die Königin in grenzenloser Wut, „ihn, meinen Feind, der sich mit dem Prinzen gegen mich verbünden will? Tötest du Sarastro nicht, sind alle Bande zwischen dir und mir zerrissen!"

Mit einem schrecklichen Fluch verschwand die Göttin der Finsternis. Pamina hielt verzweifelt den Dolch in der Hand. Da sprang Monostatos aus seinem Versteck hervor. „Zitterst du vor dem Mordplan?" fragte er lauernd. „Du hast uns belauscht?" „Ja, ich hörte alles. Und ich werde Sarastro alles verraten. Dein und deiner Mutter Leben sind in meiner Hand. Nur einen Ausweg hast du, dich und sie zu retten: – Liebe mich!" Pamina wich zurück. Monostatos holte sie ein, entriß ihr den Dolch und setzte die Spitze an ihre Brust. „Ja oder Nein?" „Nein!" entgegnete Pamina todesmutig. „So stirb!" schrie der Erpresser. Plötzlich stand Sarastro hinter Monostatos, packte seine Hand und verhinderte im letzten Augenblick den Mord an Pamina. „Herr, ich bin unschuldig!" stammelte der Überraschte, „ich wollte dein Leben retten!" „Geh mir aus den Augen!" befahl Sarastro, „ich kenne deine schwarze Seele." „Strafe meine Mutter nicht!" flehte Pamina, „die Sehnsucht nach mir trieb sie her." „Ich weiß", sagte Sarastro ruhig, „befürchte nichts! Im Weisheitstempel wohnt Friede und Menschenliebe, nicht Rache."

Auf ihrem Prüfungsweg hatten Tamino und Papageno inzwischen ein sonderbares Ruinenfeld erreicht. Im Geröll lagen umgestürzte Säulen. Geborstene Statuen waren von Gestrüpp überwuchert. „Ich bin am Verdursten", stöhnte der Vogelfänger, „keinen Tropfen Wein geben sie einem hier!" Sogleich kam ein steinaltes Weiblein gehumpelt und reichte ihm einen Wasserkrug. „Besser als nichts!" meinte Papageno und begann mit dem hutzligen Weib zu plaudern. Er hielt sie für närrisch. Denn sie erzählte mit krächzender Stimme, sie sei achtzehn Jahre alt und habe einen Schatz, der Papageno hieße. Diese Behauptung verschlug dem Vogelfänger die Stimme. Er konnte gerade noch fragen: „Und wie heißt du?" „Ich heiße . . .", kreischte die Alte. Doch ehe sie ihren Namen aussprach, wurde sie von einem Donnerschlag unterbrochen. Papageno schaute sich erschrocken um. Das Weiblein war verschwunden. Nur der Prinz stand in der Nähe und legte mahnend den Finger an die Lippen.

Der Vogelfänger kam nicht zur Besinnung. Denn es geschah wieder etwas Aufregendes. Aus Himmelshöhen schwebten die drei Knaben herab. Sie brachten Tamino die Zauberflöte und Papageno das Glockenspiel zurück. Außerdem zauberten sie einen reich gedeckten Tisch herbei, bevor sie federwölkchenleicht in blaue Fernen entschwanden. Der Vogelfänger schaute ihnen nicht nach. Er schmauste schon die erlesenen Speisen und schlürfte den köstlichen Wein.

Tamino hingegen spielte auf der geliebten Flöte. Ihre Zaubertöne hörte Pamina. Sie eilte den Klängen nach, fand den Prinzen und wurde bitter enttäuscht. Er blickte sie ernst und traurig an. Aber er beantwortete keine ihrer Fragen. Ja, er gab ihr sogar durch einen Wink zu verstehen, sie solle fortgehen. Pamina kannte Taminos Gelübde nicht. Und so ahnte sie auch nicht, daß sie selbst es war, die ihm die schmerzlichste Prüfung auferlegte. Sie glaubte, er liebe sie nicht mehr. Das war zuviel für das irrende Kind. Verstoßen von der Mutter, verlassen vom Geliebten, war ihr gemartertes Herz zu Tode betrübt.

Papageno hatte sich behaglich am Wein gelabt und dadurch den Prinzen aus den Augen verloren. Nun stapfte er zwischen Pyramiden und verriegelten Toren umher. Da trat der Priester zu ihm und sagte: „Obwohl du ein unverbesserlicher Schwätzer bist, erlassen dir die Götter die verdiente Strafe. Aber die himmlischen Freuden der Eingeweihten wirst du nie genießen." „Das will ich doch gar nicht", sagte Papageno, „fänd ich nur ein hübsches Mädchen, wär ich schon selig und würde mich mit ihr am Erdenleben freuen."

Kaum hatte Papageno seinen Herzenswunsch ausgesprochen, da kam wieder das Weiblein am Krückstock daher. Sie wollte ihn ans Herz drücken und den Bund des Lebens mit ihm schließen. Papageno wich zurück. Doch warnend erhob die Alte den knochigen Finger: „Zaudre nicht, sonst wirst du ewig hier eingesperrt bei Wasser und Brot!" Das gefiel dem Vogelfänger ganz und gar nicht. Nein, dann wollte er lieber die Steinalte zum Weibe nehmen. Als er ihr Treue geschworen, wie sie forderte, warf sie den Krückstock weg, nahm die häßliche Maske vom Gesicht und schlüpfte behende aus ihren Lumpen. Schon stand sie vor ihm als junges Mädchen. Und was das Schönste war: sie trug ebenfalls ein buntes Federkleid. Aber der Sprecher rief: „Fort mit dir, Papagena! Noch ist er nicht würdig für dich." Und wieder war Papageno allein.

Auch Pamina irrte verzweifelt zwischen den Ruinen umher. Dem Wahnsinn nahe, spielte sie mit dem Dolch, den ihr die Mutter gab. In dieser Not und Ausweglosigkeit erschienen die drei Knaben und hielten Pamina vom Selbstmord ab. „Tamino liebt dich", trösteten sie, „um dich zu gewinnen, scheut er keine Gefahr. Komm mit uns! Wir führen dich zu ihm."

Tamino war inzwischen an ein Felsentor gekommen. Zwei riesige Wächter standen davor. Sie trugen schwarze Harnische. Auf ihren Helmen loderten Flammen. Und mit ernsten Stimmen verkündeten sie ihm das Mysterium des Götterpaares Isis und Osiris und ihres Sohnes Horus:

„Wer diesen Weg geht
mit unerschütterlicher Zuversicht,
wird rein durch Feuer und Wasser.
Überwindet er die Schrecken des Todes,
dann wird er neugeboren aus dem Schoß der Erde.
Mit den Göttern wird seine Seele aufsteigen
ins Reich des Lichtes
und ewig darin leben.“

Tamino war entschlossen, diesen Weg zu gehen. Schon wollte er durch das Tor treten. Da stand plötzlich Pamina an seiner Seite. Geführt von den Luftgenien, hatte sie ihn gefunden. Die geharnischten Wächter erfüllten die Wünsche der Todesmutigen. Tamino durfte mit Pamina sprechen. Und ihr erlaubten sie sogar, den Prinzen auf seinem schwersten Weg zu begleiten. „Schreckst du nicht zurück vor dieser Todesschwelle", sagten sie zu Pamina, „kannst auch du eingeweiht werden."

Namenloses Glücksgefühl erfüllte das junge Paar. Nun trennte die beiden kein Schicksal mehr. Pamina erinnerte Tamino an das Geschenk aus göttlicher Hand. Und sie erzählte ihm, was sie aus frühester Kindheit wußte: „Einst, am Anfang der Zeiten, als die Erde entstand im Sturmesbrausen und feurige Blitze am Himmel tobten, schuf mein Vater, der König des Lichtes, das erste aller Musikinstrumente. Er schnitt es aus dem Holz des Weltenbaumes. Spiel sie nun, die Zauberflöte! Ihre Töne werden uns schützen." Tamino begann zu spielen. Pamina aber legte ihre rechte Hand auf seine linke Schulter. Und so schritten sie vereint durch die Schreckenspforte.

Ein Feuermeer schlug ihnen entgegen. Ihr Blick war geblendet. Aber die Stärke ihrer Herzen und die Zauberkraft der Töne bezwangen das vulkanische Element. Die Flammen wichen zurück. Die Liebenden schritten sicher ihren Weg durch die sengende Glut. Dann stürzten Wasserfluten auf sie ein. Zwischen brausenden Wogen schritten sie auf dem Grunde des Ozeans. Gräßliche Seeungeheuer bedrohten sie. Aber sie konnten ihnen nichts antun. Die Zuversicht ihrer Seelen und die magische Macht der Musik bezwangen auch das neptunische Element. Unversehrt erreichten sie die leuchtende Schwelle des Tempels. Das Tor öffnete sich. Als sie eintraten, erlöst aus Nacht und Tod, strahlte ihnen himmlicher Glanz entgegen.

Währenddessen blieb Papageno auf dem Prüfungswege weit hinter dem Prinzen zurück. Sein Frohsinn war dahin. Bekümmert ließ er die staubigen Federn hängen. Und todmüde vom vergeblichen Suchen, verfiel auch er der Verzweiflung. „Weil ich das Plaudern nicht lassen konnte, bekomm ich kein Weibchen", grollte er. „Papagena wird mir nicht gegönnt. Und all die anderen hübschen Mädchen, die es doch irgendwo geben muß, kümmern sich nicht um mich. Aber wartet! Ihr sollt schon sehn, was ihr davon habt! An diesem dürren Baum werd ich mich aufhängen!" Verdrossen knüpfte er einen Strick an den stärksten Ast, schlang ihn um seinen Hals und rief: „Hört, ihr Mädchen! Noch habt ihr Gelegenheit, einen Prachtkerl wie mich zu bekommen. Meldet euch!" Er pfiff auf seiner Panflöte, so laut er konnte, und zählte zwischendrein: „Eins! – – Zwei! – –" und schließlich kleinlaut: „Drei –" Weil weit und breit niemand Antwort gab, wollte Papageno die Schlinge zuziehen. Da kamen plötzlich die drei Genien wie rettende Engel aus den Wolken herab und erinnerten ihn an sein Glockenspiel. „Ich, Narr!" rief er, „wie konnt ich's vergessen?"

Geschwind schlüpfte er aus der Schlinge und atmete auf. Erfüllt von neuer Hoffnung, begann er ein lustiges Lied zu spielen. Und wirklich! Es geschah wieder ein Wunder. Zu den silberhellen Tönen führten die drei Knaben ein Mädchen herbei. Der Vogelfänger machte große Augen. Wahrhaftig, sie war es! Seine Papagena. Herrlich anzuschauen! Ihr Federkleid schillerte paradiesvogelschön. Vor lauter Entzücken flatterte Papageno mit seinen gefiederten Armen wie ein Hahn mit den Flügeln. Papagena trippelte auf der Stelle und wippte mit ihrem zierlichen Kopfputz. Schließlich tanzten sie drollig umeinander wie balzende Vögel und wünschten sich nichts als viele viele kleine Papagenos und viele viele kleine Papagenas. Und selig vor künftigem Elternglück, ließen sie sich von den drei Knaben den Weg zur Schilfhütte zeigen.

Nicht ans Ziel seiner Wünsche war Monostatos gelangt. Er ballte die Fäuste, stampfte den Boden und knirschte mit den Zähnen, bis sein Hirn einen Racheplan ausgebrütet hatte. Heimlich lief er zur nächtlichen Königin. „Großmächtige Herrin", sagte er knieend, „nimm meine Dienste an! Ich schließ dir die Tempelpforte auf. Du kannst ins Heiligtum dringen, Sarastro ermorden und den siebenfachen Sonnenkreis rauben." Als die Königin den frevlerischen Plan guthieß, stellte Monostatos seine Bedingung. Für treue Hilfe sollte sie ihm ihre Tochter als Beuteanteil ausliefern. Dann könnte er Pamina, auch wenn sie ihn verabscheue, zur Liebe zwingen.

Wie sich finstere Wetterwolken unheilvoll zum Hagelschlag zusammenbrauen, bedrohten die Verschwörer das Reich des Lichtes. Die drei Verschleierten schlichen voran. Der stickige Qualm ihrer Fackeln quoll aus dem Schlund der Erde und schwärzte den Himmel. Nur die Augen des Verräters Monostatos blitzten in der Dunkelheit, als die Königin wie eine Rasende hochfuhr aus dem Abgrund der Nacht. Von Jähzorn und Mordlust getrieben, stürmten die Gewalten der Finsternis gegen den Tempel der Weisheit. Doch es gelang ihnen nicht, den Hohenpriester der Sonne zu überfallen. Sarastro besaß die Gabe der Seher. Der Gewaltstreich seiner Gegnerin überraschte ihn nicht. Ruhig, doch mit gesammelten Kräften des Geistes trat er der Blindwütenden im Tempeltor entgegen. Um ihn strahlte der siebenfache Sonnenkreis. Und getroffen von seinem göttlichen Glanz, schwand die Macht der nächtlichen Herrin. Hals über Kopf stürzte sie mit den drei Verschleierten hinab in die Tiefe, riß Monostatos mit sich und versank donnergrollend im Schlund der Erde.

Sarastro schritt in die Mitte des Heiligtums und wandte sich zu Tamino und Pamina. Unter seiner weisen Obhut war das junge Paar aus der Finsternis der Unwissenheit emporgestiegen zum Licht der Erkenntnis. Wie die Sonne die Nacht besiegt, so hatten ihre Seelen die Todesfurcht überwunden und das unvergängliche Leben gewonnen. Darum lobten die Priester mit Jubelgesängen den Sieg der Stärke, der Weisheit und Schönheit. Sarastro aber schmückte die Häupter des geläuterten Paares mit der Lilienkrone der Eingeweihten, legte ihre Hände ineinander und segnete sie, wie ein Vater seine Kinder segnet.

Und da sie nicht gestorben sind, leben sie heute noch in den Herzen aller Menschen, die Mozarts Musik lieben und von den Tönen der Zauberflöte bezaubert werden.

ZWEITER TEIL

Für die Singenden und Musizierenden

Lieder und Stücke aus Wolfgang Amadeus Mozarts Oper

DIE ZAUBERFLÖTE

für die Jugend und ihre Instrumente transponiert
und erleichtert gesetzt von Kurt Brüggemann

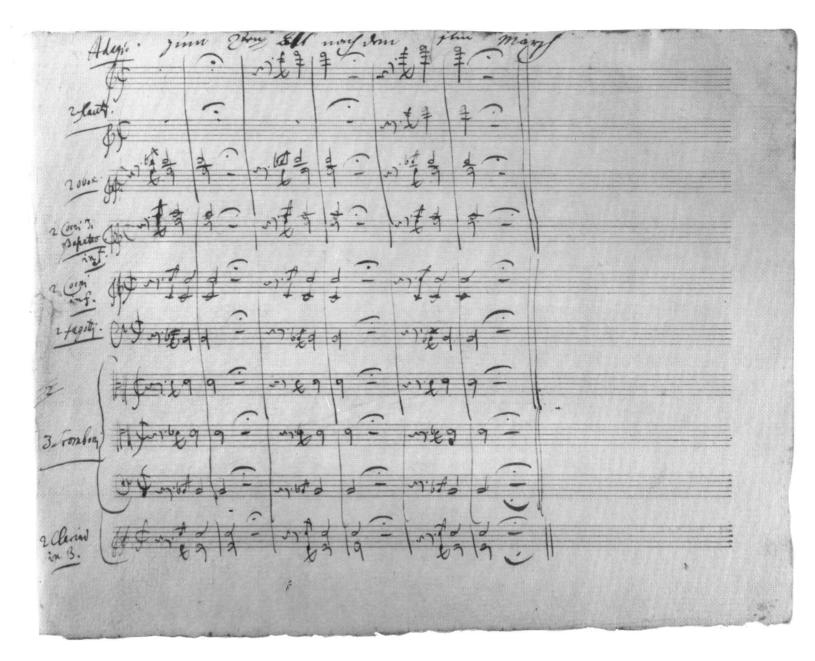

DER DREIMALIGE AKKORD

Mozarts Handschrift der Orchesterpartitur

DER DREIMALIGE AKKORD

Als Sinnbild der Heiligen Zahl Drei haben diese feierlichen Klänge eine tiefe Bedeutung in Mozarts letzter Oper. Die Ouvertüre beginnt mit den drei Akkorden. Sie kehren in der Ouvertüre wieder und erklingen auch an entscheidender Stelle bei der Beratung der Priester.

(2. Aufzug, 1. Auftritt, Musik-Nr. 9a)

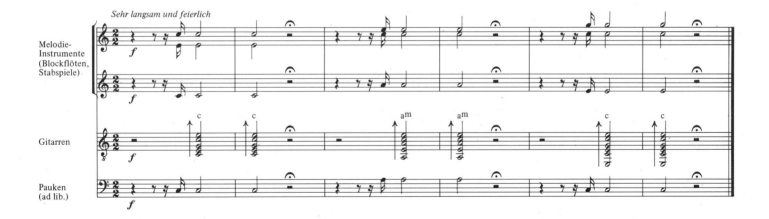

PAPAGENOS AUFTRITTS-LIED

Der Vogelfänger Papageno ist mit bunten Federn bekleidet. Auf seinem Rücken trägt er einen großen Käfig, in dem viele Vögel flattern. Er singt dieses Lied. Zwischendrein aber pfeift er auf seiner Panflöte einen lustigen Vogelruf. Es sind die ersten fünf Töne der G-Dur-Tonleiter.   (1. Aufzug, 2. Auftritt, Musik-Nr. 2)

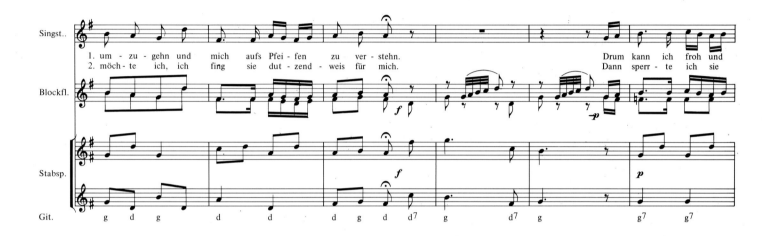

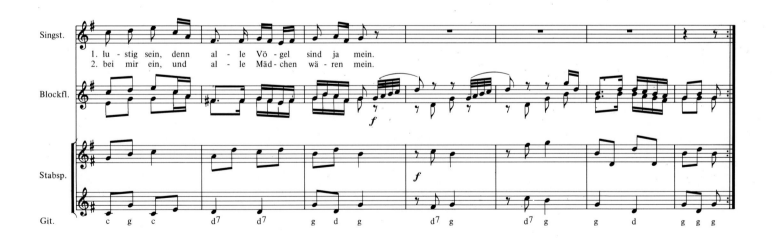

MONOSTATOS UND PAPAGENO

Der Vogelfänger Papageno trifft unerwartet den dunkelhäutigen Palastwächter Monostatos. Beide erschrecken voreinander. Der Vogelfänger, weil er noch nie einen Mohren sah. Der Mohr, weil er noch nie einen Menschen in einem Federkleid sah. Jeder hält den anderen für den Teufel und läuft ängstlich fort.   (1. Aufzug, 11. Auftritt, Musik-Nr. 6 Terzett, Schlußteil)

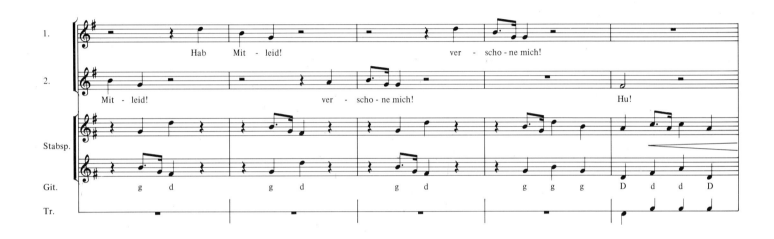

TAMINO SPIELT DIE ZAUBERFLÖTE

Die Zauberflöte ist ein Geschenk der Götter. Als Tamino sie zum erstenmal spielt, werden die wilden Tiere von den wunderbaren Tönen angelockt. Sie legen sich friedlich zu Taminos Füßen nieder. Schließlich beginnen sie zu tanzen, denn die Zaubermacht der Musik wirkt auf alle Wesen der Natur. (Finale des 1. Aufzugs, Ausschnitt aus Musik-Nr. 8)

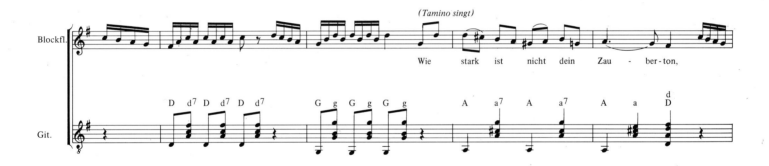

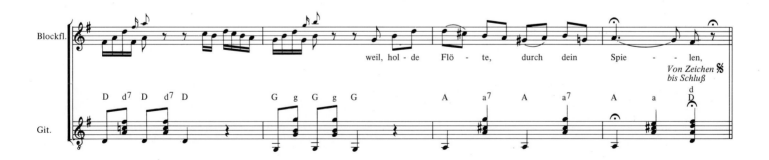

PAPAGENO SCHLÄGT DAS GLOCKENSPIEL

Wer viel wagt, wer viel wagt, wer viel wagt, ge - winnt oft viel. Komm, du

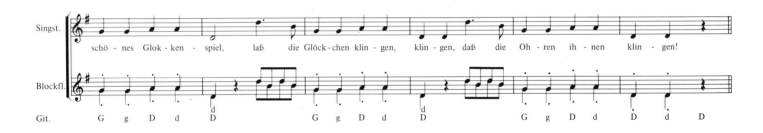

schö - nes Glok - ken - spiel, laß die Glöck - chen klin - gen, klin - gen, daß die Oh - ren ih - nen klin - gen!

98

Der Vogelfänger Papageno versucht, Prinzessin Pamina zur Flucht aus dem Palast zu verhelfen. Sie werden vom Palastwächter Monostatos ertappt und sollen gefesselt werden. Aber Papageno hat einen rettenden Einfall. Er läßt sein Glockenspiel erklingen. Sogleich müssen Monostatos und alle seine Helfer nach den wunderbaren Silbertönen tanzen, ob sie wollen oder nicht.

(Finale des 1. Aufzugs, Ausschnitt aus dem 17. Auftritt)

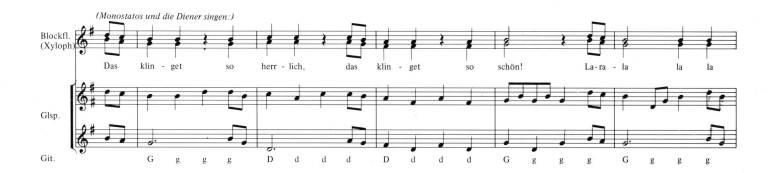

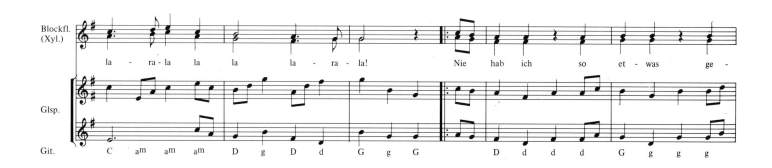

MARSCH DER PRIESTER

Achtzehn ägyptische Priester des Tempels der Weisheit treten auf. Die Bühne ist in einen Palmenhain verwandelt. Im Hintergrund sind die Pyramiden zu sehen.

(2. Aufzug, Musik-Nr. 9)

ISIS UND OSIRIS

Die Göttin Isis und der Gott Osiris wurden im alten Ägypten verehrt. Der Hohe Priester Sarastro bittet diese Götter um ihren Schutz für den Prinzen Tamino und den Vogelfänger Papageno. Die beiden müssen sich lebensgefährlichen Prüfungen unterziehen, um in den Tempel der Weisheit aufgenommen zu werden.

(2. Aufzug, Musik-Nr. 10 Arie des Sarastro mit Chor der Priester)

103

IN DIESEN HEIL'GEN HALLEN

Prinzessin Pamina fürchtet, sie werde bestraft, weil sie aus Sarastros Obhut fliehen wollte. Aber Sarastro beruhigt sie. Von ihm erfährt sie, daß man im Tempel der Weisheit nicht Rache, sondern Freundschaft und Menschenliebe findet.

(2. Aufzug, 12. Auftritt, Musik-Nr. 15 Arie des Sarastro)

2. In diesen heil'gen Mauern,
   wo Mensch den Menschen liebt,
   kann kein Verräter lauern,
   weil man dem Feind vergibt.

|: Wen solche Lehren nicht erfreu'n,
   verdienet nicht ein Mensch zu sein. :|
Wen solche Lehren nicht erfreu'n,
verdienet nicht ein Mensch zu sein,
ein Mensch, ein Mensch zu sein.

PAPAGENOS LIED

Dem Vogelfänger Papageno sind die Prüfungen lästig. Er gesteht, daß er gar kein Verlangen nach Weisheit habe. Er wünscht sich nur ein Mädchen oder Weibchen, um glücklich zu sein.   (2. Aufzug, 23. Auftritt, Musik-Nr. 20)

2. Ein Mädchen oder Weibchen . . .

Ach, kann ich denn keiner von allen
den reizenden Mädchen gefallen?
Helf' eine mir nur aus der Not,
sonst gräm' ich mich wahrlich zu Tod.
Ach, kann ich – denn keiner – gefallen?
Helf' eine mir nur aus der Not,
sonst gräm' ich mich wahrlich zu Tod,
mich wahrlich zu Tod, mich wahrlich zu Tod!

3. Ein Mädchen oder Weibchen . . .

Wird keine mir Liebe gewähren,
so muß mich die Flamme verzehren.
Doch küßt' mich ein weiblicher Mund,
so bin ich schon wieder gesund.
Doch küßt' mich – ein weibli – cher Mund,
doch küßt' mich ein weiblicher Mund,
so bin ich schon wieder gesund,
schon wieder gesund, schon wieder gesund.

LIED DER DREI KNABEN

Bald prangt, den Mor - gen zu ver - kün - den, die Sonn' auf gold - ner

Bahn, bald soll der A - ber - glau - be schwin - den, bald siegt der wei - se

Mann. O hol - de Ru - he, steig her - nie - der, kehr in der Men - schen Her - zen

108

Sängerknaben stellen auf der Bühne drei elfengleiche Luftgeister dar. Im ersten gedruckten Textbuch wurden sie von Mozart »Genien« genannt. Sie schweben wie Schutzengel aus Himmelshöhen herab, um die verzweifelte Prinzessin Pamina am Selbstmord zu hindern. (Ausschnitt aus dem Finale des 2. Aufzugs, 26. Auftritt, Musik-Nr. 21)

TAMINO UND PAMINA SCHREITEN
DURCH FEUER UND WASSER

Pamina tritt mutig an Taminos Seite. Auch sie schreckt vor den schweren Prüfungen nicht zurück. Das liebende Paar überwindet die Todesfurcht und besteht die Gefahren gemeinsam. Dabei helfen ihnen die wunderwirkenden Töne der Zauberflöte, die Tamino spielt.

(Ausschnitt aus dem Finale des 2. Aufzugs, 28. Auftritt)

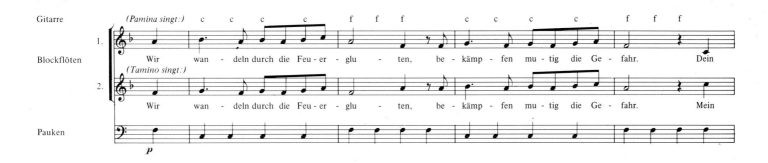

PAPAGENOS ZAUBERSPIEL

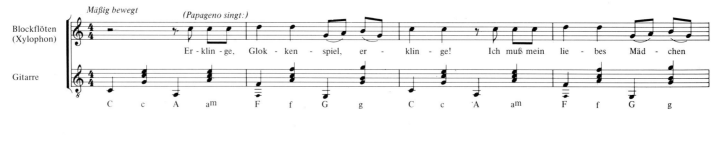

Vergeblich wartete der Vogelfänger Papageno auf das ersehnte Weibchen. Vor Verzweiflung will er sich erhängen. Da schweben wieder die drei Knaben als Lebensretter nieder. Sie erinnern Papageno an sein Glockenspiel, mit dessen Zaubertönen er die ersehnte Papagena herbeilocken kann. Sie ist die rechte Frau für ihn, denn auch sie trägt ein buntes Federkleid.

(Ausschnitt aus dem Finale des 2. Aufzugs, 29. Auftritt)

SCHLUSS-GESANG

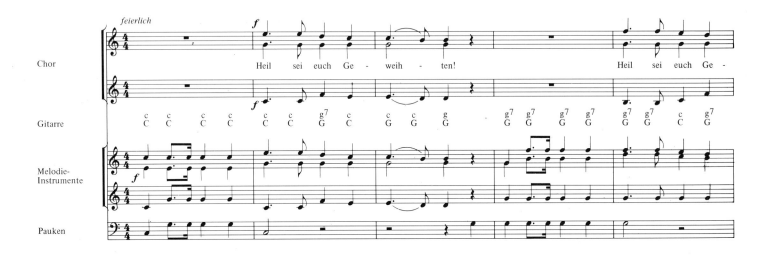

Die Oper hat ein glückliches Ende. Prinz Tamino und Prinzessin Pamina werden nach ihren Prüfungen in den Tempel der Weisheit aufgenommen und als Eingeweihte gekrönt.

(Finale des 2. Aufzugs, Schluß-Szene)

(auch Triangel, Trommel, Becken)

PAPAGENOS AUFTRITTS-LIED

Mozarts Handschrift der Orchesterpartitur

DRITTER TEIL

Für die Fragenden und Grübelnden

Ein Gespräch über Mozarts Oper »Die Zauberflöte«

Renata: Dürfen wir dich was fragen, Großvater?

Großvater: Natürlich. Kommt nur herein!

Jörg: Schön, daß du immer Zeit für uns hast!

Großvater: Was möchtet ihr denn wissen?

Renata: Ach, so vieles! Wir waren doch im Theater.

Jörg: Wir hatten's uns schon lange gewünscht.

Renata: Mutti hat zugeredet. Und Vati hat uns dann die Eintrittskarten geschenkt.

Jörg: ›Die Zauberflöte‹ haben wir gesehn.

Renata: Und gehört.

Jörg: Gehört hab ich die Musik schon oft im Rundfunk und von Schallplatten. Aber was es dazu auf der Bühne zu sehen gab, das war echt aufregend. Gezaubert wurde. Von unten aus der Erde sind sie raufgekommen. Und von oben runter. Wilde Tiere haben mitgespielt. Und richtiges Feuer. Und gedonnert hat's. Mal war's zum Lachen, mal zum Gruseln. Einfach toll!

Renata: Ich hatte vorher das Textbuch gelesen. Und einiges von der Musik hat mein Klavierlehrer mit mir durchgenommen. Und ich meine, es war nicht bloß ein spannendes Stück mit vielen Bühnenbildern und schönen Kostümen. Es war . . . wie soll ich sagen? . . . es war doch auch ein Sinn darin. So ganz klar verseh ich ihn ja noch nicht. Etwas schon. Darum, Großvater, sei so gut! Erklär uns die ›Zauberflöte‹!

Großvater: Ihr habt beide recht. Man kann das letzte Bühnenwerk von Mozart anschauen wie ein abwechslungsreiches Zauberstück und hingehen, weil man berühmte Sänger hören will. Man kann aber auch über den Sinn des Spieles nachdenken. Denn bedeutungsvoll, wie die Märchen und Sagen der Völker, ist auch das Märchen von der Zauberflöte.

Jörg: 'n Sinn ist sicher drin. Aber sag mal, Großvater, bist du denn damit völlig klar gekommen?

Großvater: Klarkommen kann man mit einer Mathematikaufgabe. In Minuten womöglich. Den Sinn eines Kunstwerks erfaßt man aber nicht mit dem Verstand allein. Man ahnt ihn anfangs. Dann erkennt man ihn, nach und nach, mehr und mehr. Es kann Jahre dauern. Und das ist gerade das Schöne. Ein Kunstwerk wie Mozarts ›Zauberflöte‹ begleitet uns durch das ganze Leben und spricht immer neu zu uns.

Renata: Aber 's wird doch so etwas geben, wie einen Schlüssel zur ›Zauberflöte‹. Könntest du uns damit nicht auf die Spur setzen?

Großvater: Ich will's versuchen. Also – zuerst kommt das reine Staunen. Das kennt ihr. Und so hörte auch ich Märchen von meiner Großmutter, wollte sie immer wieder hören und immer wieder staunen.

Jörg: Und dann? Als du so alt warst wie wir?

Großvater: Dann ging mir ein Licht auf. Märchen waren nicht nur Märchen. Bilder nicht nur Bilder. Ich merkte, daß hinter ihnen ein Sinn verborgen ist.

Renata: Sagt man dazu dann ›Sinnbilder‹?

Großvater: Ja, Renata. Mozarts ›Zauberflöte‹ spricht zu uns in Sinnbildern. Es gibt für Sinnbild auch das griechische Wort ›Symbol‹.

Jörg: Oft gehört. Aber kannst du's mir nicht ganz einfach erklären?

Großvater: Freilich. Du weißt, es gibt Dinge, die niemand gesehen hat, wie zum Beispiel ›das Himmelreich‹. Trotzdem kann man davon sprechen.

Jörg: Aha! In Gleichnissen.

Renata: Was wir auf der Bühne gesehen haben, war das auch ein Gleichnis?

Großvater: Bestimmt. Denn das Sichtbare hilft uns, das Unsichtbare zu ahnen. Das ist in der Kunst so, wie in der Religion. Vieles, was unser Herz bewegt, können nüchterne Worte gar nicht ausdrücken. Es kann uns aber nahegebracht werden durch Musik oder Bilder oder Gedichte oder Märchen und Sagen.

Renata: Darum war ›Die Zauberflöte‹ auch so schön!

Großvater: In dieser Oper wird eine der ältesten Sagen der Menschheit dargestellt: der Kampf zwischen der Finsternis und dem Licht.

Jörg: War das nicht ein Kampf zwischen Göttern?

Großvater: Gewiß. Bei den Ägyptern hieß die sternflammende Göttin Nut, bei den Griechen Nyx, bei den Römern Nox.

NUT,
die ägyptische Göttin des Himmelsgewölbes,
beugt sich über die Erde.

Jörg: Klingt alles ähnlich. War wohl überall dieselbe.

Großvater: Ja, es gab bei den alten Völkern die Muttergöttin der Ur-Nacht. Sie beherrschte das finstere Chaos vor Beginn der Schöpfung.

Renata: Und die Sonne war ein Gott, nicht wahr?

Großvater: Die Ägypter nannten ihn Rê, später auch Horus. Bei den Griechen hieß er Helios, bei den Römern Sol invictus.

Renata: Jörg! Du bist doch 'n alter Lateiner. Kannst du mir das übersetzen?

Jörg: Spielend. Heißt: Unbesiegbare Sonne.

Renata: Du wirst das Klassenziel erreichen.

Jörg: Meinetwegen. Aber was ich noch sagen wollte: Die Schlange, wie die auf der Bühne gemacht war, das fand ich prima. Mit ihrem großen Maul sah sie aber mehr wie ein Drache aus.

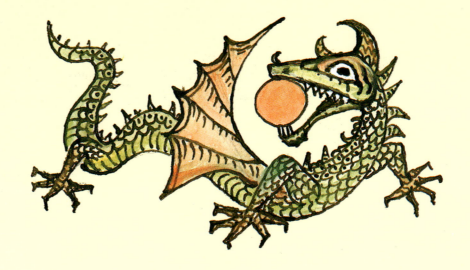

Chinesischer Himmels-Drache will die Sonne verschlingen

Die Schlange bedroht als Sinnbild der Finsternis die Sonne

Großvater: Die alten Völker haben das Symbol der Finsternis verschieden dargestellt. Die Chinesen zum Beispiel sahen die Dunkelheit sinnbildlich als Drache. Sonnenfinsternisse versetzten das ganze Volk in Angst und Schrecken. Es glaubte, der Drache verschlinge die Sonne. Um das zu verhindern, schlugen die Priester auf riesige Tempelgongs. Die gewaltigen Töne sollten die Sonne schützen und das dunkle Ungeheuer vertreiben.

Renata: Bei uns werden ja bei schwerem Unwetter auch die Sturmglocken geläutet.

Großvater: Die Zauberkraft der Töne schützt vor Unheil. Das war der ursprüngliche Sinn.

Renata: In Mozarts Oper ist es auch so. Die Zaubertöne der Flöte, die schützen Tamino und Pamina in der höchsten Not.

121

Der Fenris-Wolf, germanisches Sinnbild der Nachtwolken, jagt die Sonne

Jörg: Ich hab mal gelesen, die germanischen Völker sahen in den Nachtwolken einen Wolf.

Großvater: Er hieß Fenris. Und ob nun Schlange, Drache oder Wolf, das sind alles Symbole für eine furchterregende Macht. Denn die Völker glaubten, die neidvolle Finsternis will das Licht auslöschen.

Renata: Wenn's ihr gelingen würde . . .

Großvater: . . . dann herrschte wieder allein die Ur-Nacht, wie vor Beginn allen Lebens.

Renata: Die Königin der Nacht will alles, will auch den siebenfachen Sonnenkreis haben.

Großvater: Ja, sie ist herrschsüchtig, streitsüchtig, rachsüchtig.

Renata: »Der Hölle Rache kocht in meinem Herzen«, singt sie.

Jörg: Aber sie verliert den Kampf. Die Sonne ist unbesiegbar.

Großvater: Wie ihr Symbol: der königliche Löwe.

Jörg: Aha! Darum also kutschiert Sarastro mit 'nem Löwenwagen auf die Bühne! War 'ne tolle Sache!

Großvater: Sarastro dient dem Licht der Wahrheit, der Erkenntnis und der Vernunft. Er ist der Gegenspieler zur Göttin der Nacht. Er lehrt die Menschen Güte, Duldsamkeit und Liebe.

Der Löwe als Sinnbild der unbesiegbaren Sonne

122

Renata: Die Priester . . . als die auf die Bühne kamen und sangen, da hielten sie silberne Palmenblätter in den Händen.

Jörg: Die Knaben auch. Wird wohl wieder 'n Symbol sein.

Großvater: Du hast recht. Es deutet auf Sieg, Wiedergeburt und Auferstehung. Darum waren die Tempelsäulen oft mit Palmblättern gekrönt.

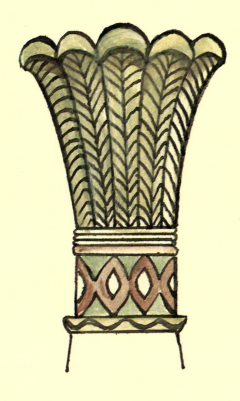

Palmenblätter als Sinnbild des Sieges und der Auferstehung

Jörg: In meinem Buch über die Inkas, da steht drin, daß sie in ihren Tempeln den Sonnengott verehrt haben.

Großvater: Solche Tempel gab es schon in Ägypten. In Heliopolis zum Beispiel. Und bei den Griechen in Delphi.

Renata: In Mozarts Oper wird der Sonnengott von Sarastro und seinen Priestern im Tempel der Weisheit verehrt.

Großvater: Das habt ihr auf der Bühne gesehen. Nun müssen wir aber etwas Wichtiges bedenken. Wir haben doch erkannt, daß Mozarts Oper ein Gleichnis ist. Und so spielt der Kampf zwischen Finsternis und Licht nicht nur außen in der Natur, sondern auch innen.

Jörg: Wo innen?

Großvater: In den Seelen. Wenn die Menschen träumen, sind ihre Seelen im Nachtreich. Wenn sie wachen, im Lichtreich.

Jörg: Achso!

Großvater: Ja, Jörg, du erinnerst dich doch. Man kann ›Die Zauberflöte‹ als aufregendes Stück sehen . . .

Jörg: . . . wie 'n Krimi mit Mordplan und so . . .

Renata: . . . oder sinnbildlich.

Großvater: Ja, als Drama, das in Taminos und Paminas Seele spielt. Und wer es so sieht, der findet keine Widersprüche in der Handlung.

Jörg: Wie paßt das aber mit den Göttern zusammen?

Großvater: Gut! Die alten Völker glaubten, im Traum herrsche die Göttin der Finsternis über die Seelen. Im Wachen der Gott des Lichtes. Wie fängt denn die Oper an?

123

Jörg: Also der Prinz Tamino, der verirrt sich ins Reich der Königin der Nacht . . .

Großvater: . . . und glaubt alles, was sie ihm über Sarastro einredet.

Jörg: Aha! Ein Feindbild.

Großvater: Eben. Er weiß nicht, daß er dem Einfluß der nächtlichen Göttin verfallen ist. Es gibt einen Opernhelden, der ist schon etwas älter und männlicher und spürt, was mit ihm geschieht.

Jörg: Ist das 'ne Quizfrage?

Großvater: Ja. Ich helfe euch. Er heißt Max.

Renata: Ich hab's! Der Freischütz.

Großvater: Gewonnen!

Jörg: Wieso merkt Max, was Tamino nicht merkt?

Großvater: Max singt in seiner großen Arie: »Mich umgarnen finstre Mächte!«

Jörg: Aber Tamino, der kommt dann vor den Weisheitstempel. Und da wird er doch stutzig.

Großvater: Ja, im Gespräch mit dem Priester. Erinnert ihr euch, was er singt?

Renata: Laß mich rasch nachsehn im Textbuch . . . erster Aufzug . . . fünfzehnter Auftritt . . . hier! Hier stehn seine Worte: »O ew'ge Nacht! Wann wirst du schwinden? Wann wird das Licht mein Auge finden?«

Großvater: Tamino möchte die Trugbilder der Traumwelt abschütteln.

Renata: Er sehnt sich nach dem Licht.

Großvater: Nach dem Licht, in dem er die Wahrheit erkennen kann.

Renata: Die Wahrheit über Sarastro?

Großvater: Ja.

Die Pyramide verbindet sinnbildlich die Erde mit dem Himmel und den Himmel mit der Erde

Jörg: Sag mal, Großvater, auf der Bühne, da waren im Hintergrund Pyramiden zu sehn. Die paßten doch nicht hin. Das sind doch Pharaonengräber.

Großvater: Schon. Aber sie hatten noch einen anderen Sinn. Sie sollten die Erde mit dem Himmel verbinden.

Jörg: Wurden sie darum so hoch gebaut?

Großvater: Ja, darum. Heute ist so eine Pyramide eine gigantische Ruine. Einst war sie mit spiegelblanken Marmorplatten belegt.

Renata: Das muß wunderbar ausgesehn haben.

Großvater: Es geschah sogar Wunderbares. Wenn die Ägypter im Morgengrauen zum linken Ufer des Nils hinüberschauten, beglückte sie die Rückkehr des Sonnengottes von seiner Reise durch das unheimliche Nachtreich. Denn seine ersten Strahlen berührten die Spitze der Pyramide. Und wenn dann allmählich im lebenspendenden Licht des Gottes die ganze Pyramide golden schimmerte, sangen die Priester ein Dankgebet.

Jörg: Auf der Bühne, da standen allerhand Säulen. Auch viereckige. Die endeten oben wie kleine Pyramiden.

Großvater: Das sind Obelisken. Sie wurden später von fremden Eroberern aus Ägypten verschleppt und in den Weltstädten auf großen Plätzen aufgestellt. Da könnt ihr sie sehen. Einst luden sie den Sonnengott ein, sich wie ein Falke auf die vergoldete Spitze zu setzen und dem Land Ägypten seinen Segen zu spenden.

Jörg: Ich hab mal 'ne Pyramide aus Pappe gebastelt. Unten ein Quadrat. Als Seiten Dreiecke. Ihre Spitzen, die klebt' ich dann alle oben in einem Punkt zusammen.

Großvater: Dein Modell mußt du mir einmal zeigen. Übrigens bringt uns die Form der Pyramide auf die Zahl Drei. Sie war ein Symbol für das Geheimnisvolle und Heilige und kommt oft in der ›Zauberflöte‹ vor.

Jörg: Wieder was zum Raten?

Renata: Nicht schwer. Die Ouvertüre fängt mit drei Akkorden an. Die spiel ich gern auf dem Klavier. Sie klingen so feierlich.

Großvater: Drei Priester blasen auf Posaunen die drei feierlichen Dreiklänge dreimal.

Jörg: Ich finde auch was! Es kommen drei Damen vor und drei Knaben und drei Tempel . . .

Renata: . . . dreimal klopft Tamino an . . .

Großvater: . . . und wie in vielen Märchen muß der Held drei Versprechen halten und drei schwere Aufgaben erfüllen.

Renata: Achja, standhaft muß Tamino sein, duldsam und verschwiegen . . .

Großvater: . . . um den Schatz der Weisheit zu gewinnen.

Ägyptischer Obelisk mit vergoldeter Spitze, ein Sinnbild des göttlichen Sonnenstrahls

Jörg: Die Prüfungen, die waren nichts Neues für mich. »Hugh«, sagte der Häuptling, »ich habe gesprochen!«

Renata: Na und? Was hat er denn gesprochen?

Jörg: »Der Indianer kennt keinen Schmerz. Todesfurcht ist ihm fremd. Und er schweigt. Selbst am Marterpfahl.«

Renata: Schrecklich!

Jörg: Naja, das sind nicht grade Kleinigkeiten. Aber wenn ein Junger von den Alten als Mann anerkannt werden wollte, dann mußte er mit allerhand Mutproben beweisen, daß er 'n richtiger Indianer ist.

Großvater: Solche Prüfungen gab es bei allen Völkern der Erde. ›Initiationen‹ nennt man sie.

Renata: Und was heißt das?

Großvater: Soviel wie ›Einweihung ins Erwachsensein‹. Kindheit, das ist ja die Zeit, in der man von anderen behütet und umsorgt wird. Die schöne Zeit, in der man noch frei von eigener Verantwortung ist. Aber es kommt der Tag, an dem die Kindheit endet. Für den Übergang in den neuen Zustand gab es Initiationsbräuche. Bevor man die jungen Menschen in den Kreis der Erwachsenen aufnahm, wurden sie von den Ältesten in das geheime Wissen des Volksstammes eingeführt.

Renata: Geheimes Wissen?

Großvater: Ja, sie wurden belehrt über die Schöpfung der Welt und die ersten Menschen. Und sie erfuhren, was sie als Kind nicht so recht verstehen konnten.

Renata: Was denn?

Großvater: Daß der Mensch sterben muß. Daß seine Seele aber zu den Göttern gelangen kann.

Jörg: Achso! Sie hatten Religionsunterricht.

Großvater: Nicht nur mit Worten. Es *geschah* etwas mit ihnen. Man nannte sie Mysten.

Jörg: Was heißt denn das?

Großvater: Wörtlich: die Schauenden. Dem Sinne nach: sie, die das Geheimnis schauen werden. Sie spielten mit in einem ernsten Drama: Im Mysterium vom Tod und von der Auferstehung des Gottes. Mit dem Sonnengott mußten sie untergehen. Hinab in die Nacht. Darum wurden ihnen die Augen verhüllt.

Jörg: Dem Tamino und dem Papageno auch! Mit einem Sack . . .

Renata: . . . vor ihrem Gang durch den unterirdischen Prüfungstempel.

Großvater: Ja, die Mysten mußten sinnbildlich sterben. Sie mußten die Schrecken des Todes erleiden und die Todesangst in ihrer Seele überwinden. So gewannen sie die Gewißheit, mit dem Sonnengott aus der Finsternis aufzutauchen zu neuem Leben.

Jörg: Was Ähnliches hab ich mal erlebt. In der Geisterbahn. Ich wußte ja, ich komm ungeschoren wieder raus aus der schauerlichen Gespenstergruft. Aber man muß doch schon ein ganz abgebrühter Angeber sein, wenn man behauptet, das wär nicht gruslig. Und man sieht ja auch, wie alle aufatmen, wenn sie rausfahrn, und heilfroh sind, daß draußen die Sonne scheint.

Großvater: Nun haben wir uns schon eine Weile unterhalten, vielleicht möchtet ihr eine Erfrischung. Kaugummi und Limonade hab ich nicht. Aber Äpfel.

Jörg: Die tun's auch.

Renata: Danke, Großvater. Du erzählst doch weiter?

Großvater: Wenn ihr noch zuhören mögt.

Jörg: Dochdoch! Das mit der Angst, die man überwinden muß, versteh ich vollkommen. Wird ja trainiert beim Klettern im Hochgebirge oder beim Drachenfliegen und Skispringen. »Sei standhaft!« O.k.

Renata: Aber warum »verschwiegen«? Hat das auch einen Sinn?

Großvater: Durchaus. Der Eingeweihte erkennt, was hinter dem Symbol oder Gleichnis verborgen ist. Der Uneingeweihte sieht zwar das Symbol, hört auch das Gleichnis, erfaßt aber seinen Sinn nicht. Es kommt ihm unsinnig, ja töricht vor. Darum wurde das Geheimnisvolle vor Spöttern geschützt. Es sollte nicht entweiht werden.

Jörg: Bei den Moslems ist das heute noch so. Ihren heiligen Stein, den darf sich kein Ungläubiger ansehn.

Großvater: Er könnte ja auch nicht nachempfinden, was den Mekkapilgern die Kaaba bedeutet.

Renata: Ich meine was andres. Das Schweigegebot, das Tamino halten muß, das ist doch grausam für Pamina.

Großvater: Solche Gebote sind aber in vielen Märchen die Voraussetzung für das Wunder. Auch in einer Oper, die Gluck etwa dreißig Jahre vor Mozarts ›Zauberflöte‹ komponiert hat.

Renata: Meinst du ›Orpheus und Eurydike‹?

Großvater: Du kennst die Oper?

Renata: Vom Schulfunk. Eurydike ist gestorben. Orpheus ist ihr Mann. Der will sie aus dem Totenreich zurückholen. Er kann wunderbar singen und Harfe spielen. Das hilft ihm dabei.

Großvater: Mit der Zaubermacht der Musik besänftigt Orpheus sogar die Furien der Unterwelt.

Renata: Ja, diese schrecklichen Geister erlauben ihm, Eurydike wieder hinauf ins Leben zu führen.

Großvater: Aber unter einer Bedingung.

Renata: Auf dem Weg aus der Unterwelt darf Orpheus die Eurydike nicht anschaun.

Großvater: So kommt für ihn die Stunde der Prüfung.

Renata: Eurydike zweifelt an seiner Liebe, weil er seine Augen von ihr abwendet.

Großvater: Und es geht schlimm aus. Denn Orpheus bleibt nicht standhaft, wenn er Eurydikes Klagelied hört.

Renata: Er dreht sich zu ihr um und sieht, wie sie leblos niederfällt.

Großvater: Entsinnst du dich, was Orpheus in dieser Unglücksstunde singt?

Renata: »Ach ich habe sie verloren, all mein Glück ist nun dahin!«

Großvater: Das hast du gut behalten. Und du kannst nun Glucks Oper mit Mozarts letztem Bühnenwerk vergleichen. Beide handeln ja von der Zaubermacht der Musik.

Jörg: Ich mußte im Theater an was denken, das in meinem Sagenbuch steht.

Großvater: In den ›Sagen des klassischen Altertums‹ von Gustav Schwab?

Jörg: Erraten! Also der Papageno, der mimt doch den starken Mann. Der Prinz soll ihm glauben, daß er die giftige Schlange einfach mit der Hand erwürgt hat. Ist natürlich 'n glatter Schwindel. Aber der Herakles, der brachte das wirklich fertig. Der hatte schon als Kind Riesenkräfte und erstickte gleich zwei Giftschlangen. Mit jeder Hand eine.

Großvater: Dein Vergleich ist gar nicht zu weit hergeholt. Mozart liebte Händels Werke sehr. Und wahrscheinlich kannte er auch Händels Musikdrama ›Die Wahl des Herakles‹. Es ist die berühmte Geschichte von ›Herakles am Scheidewege‹.

Jörg: Die kenn ich. Der junge Held trifft da zwei Göttinnen. Die erste erzählt ihm von einem Leben wie im Paradies. Immer gut essen und trinken. Jede Menge. Und nichts tun, als was Spaß macht.

Renata: Also nur für's eigne Vergnügen leben.

Jörg: Genau das. Aber die andre Göttin erzählt vom Gegenteil. Das ganze Leben lang nichts als harte Arbeit. Gefährliche Kämpfe mit wilden Bestien, sogar mit dem Höllenhund Cerberus.

Großvater: Und all die Mühen, um anderen Menschen aus der Not zu helfen.

Renata: Welchen Weg wählt denn Herakles?

Jörg: Den schweren.

Renata: Ehrlich?

Jörg: Ja, weil er zum Schluß den Siegeskranz der Unsterblichkeit gewinnt und bei den Göttern wohnen darf.

Renata: Ähnlich wie Tamino und Pamina nach ihren Prüfungen.

Der Vogelmensch,
orientalische Sagengestalt

128

Großvater: Wenn ich an Papageno denke – er entscheidet sich nicht für einen von zwei möglichen Wegen. Er kann gar nicht wählen. Er ist und bleibt, was er ist. Ein liebenswertes Kind der Natur, das sich am Dasein freut . . .

Jörg: . . . gern futtert . . . gern Wein trinkt . . . gern plaudert . . .

Renata: . . . wie 'n Vogel pfeift . . .

Großvater: . . . und sich überhaupt nicht vorstellen kann, was ›Weisheit‹ ihm nützen sollte.

Renata: Er wünscht sich nur ein Weibchen, mit dem er viele Nachkommen aufziehen möchte. Wie's die Vögel in ihren Nestern tun.

Großvater: Ja, darin sieht *er* die Unsterblichkeit. Übrigens meint Papageno, wenn er von Liebe singt, auch etwas anderes als Tamino. Denn für Tamino gibt es nur eine einzige Geliebte auf der Welt.

Renata: Pamina!

Großvater: Papageno dagegen begehrt irgend ein Mädchen oder irgend ein Weibchen. Als Vogelfänger möchte er mit seinem Netz am liebsten auch Mädchen dutzendweise einfangen, damit sie alle sein wären.

Renata: Ja, das singt Papageno. Aber es wird ihm nicht leicht gemacht.

Großvater: Die Prüfungen werden ihm erlassen. Doch es stehen ja *drei* Tempel auf der Bühne. Vielleicht soll Papageno im Tempel der Natur ein wenig dazulernen.

Jörg: Warum verzweifelt er denn und will sich sogar aufhängen?

Renata: Weil er über seinem Herzenskummer was Wichtiges vergessen hat.

Jörg: Aha! Sein Glockenspiel.

Renata: Aber warum ist denn Papagena zuerst so häßlich?

Großvater: Das alte Weib, hinter dem sich die junge Papagena versteckt, ist ein Sinnbild.

Renata: Wofür denn?

Großvater: Für die Natur, die sich immer wieder verjüngt. So wie aus dem Holz des kahlen Baumes immer wieder junge Zweige sprießen.

Renata: Du meinst also, Papageno wird nicht geprüft, sondern geneckt.

Großvater: Ja, so lang, bis er begreift, was ihm die Götter geschenkt haben.

Renata: »Ich Narr vergaß der Zauberdinge!« singt er . . .

Jörg: . . . schlägt 'n paar Töne auf dem Glockenspiel an, und schon kommt sie angetanzt, die Papagena! Das Publikum hat geklatscht.

Renata: Wir auch!

Jörg: Weil ihr Federkleid genau so drollig aussah, wie seins.

Großvater: Spaßmacher waren sehr beliebt in den Singspielen. Und dem Theaterdirektor Schikaneder, der bei der Uraufführung den Papageno spielte, dem kam es auf eine recht lustige Rolle an.

Renata: Sagt man nicht: er hat sich eine Rolle auf den Leib geschrieben?

Großvater: Ja, das ist so eine Redensart unter Theaterleuten. Aber trotz aller Komik erinnert das seltsame Wesen – halb Vogel, halb Mensch – daran, daß es ursprünglich auch eine Sagengestalt war.

Jörg: Halb und halb gibt's viel. Zum Beispiel: halb Pferd, halb Mensch.

Großvater: Hm! Die griechischen Kentauren.

Der Kentaur, griechische Sagengestalt

Renata: Und halb Fisch, halb Fräulein: die Nixe. Und halb geflügelter Löwe, halb Frau: die Sphinx.

Jörg: 'ne Sphinx ist auch im Programmheft drin, das wir von der Platzanweiserin gekauft haben. Überhaupt 'ne Masse Bilder . . .

Renata: . . . und die Namen der Sänger. Hier ist es. Wenn du's ansehn möchtest, Großvater. Ich hab schon alles gelesen über ›Die Entstehung der Zauberflöte‹. Es ist schade – steht drin – daß Schikaneder einen so kindischen Text zu Mozarts unsterblicher Musik gedichtet hat.

Großvater: Das sagten manche Kritiker schon vor zweihundert Jahren. Goethe, der viel vom Theater verstand, war anderer Meinung. Er sagte: »Es gehört mehr Bildung dazu, den Wert dieses Opernbuches zu erkennen, als ihn abzuleugnen.« Emanuel Schikaneder war der phantasievollste Regisseur seiner Zeit. Er hielt seine Zuschauer in Atem mit ständigen Verwandlungen, mit Versenkungen und Flugwerken und der damals neuen Bühnenmaschinerie. Reich mir doch bitte das Buch da vom Regal, Jörg! ›Goethes Faust‹ steht auf dem Rücken.

Jörg: Hab's schon.

Großvater: Danke. Und nun lies uns doch bitte vor, was Goethe zu Beginn seines Faust-Dramas den Theaterdirektor sagen läßt. Das paßt ganz auf Schikaneder. Hier ist die Stelle.

Jörg:

»Ihr wißt, auf unsern deutschen Bühnen
probiert ein jeder, was er mag.
Drum schonet mir an diesem Tag
Prospekte nicht und nicht Maschinen.

Gebraucht das groß' und kleine Himmelslicht,
die Sterne dürfet ihr verschwenden,
an Wasser, Feuer, Felsenwänden,
an Tier und Vögeln fehlt es nicht.«

Die Nixe, auch Undine oder Melusine genannt

Die Sphinx, rätselhafte Sagengestalt der alten Völker In Ägypten auch in männlicher Gestalt, der Sphyinx genannt

Renata: Das ist ja haargenau so, wie wir's auf der Bühne gesehn haben!

Großvater: Die Spannung der Oper verdanken wir Schikaneder. Ihren Inhalt nicht.

Renata: So? Hat er den nicht erfunden?

Großvater: Keineswegs. Er benutzte viele Vorlagen, wie das die Theaterdichter meist tun. Sein wichtigster Mitarbeiter war natürlich Mozart.

Renata: Er komponierte die Musik.

Großvater: Nicht nur. Als Operngenie hat er auch seine Ideen bei der Entstehung des Textes durchgesetzt.

Renata: Was war'n denn das für Vorlagen, die Schikaneder benutzt hat?

Großvater: Viele. Zunächst einmal eine Märchensammlung von Wieland.

Renata: Schöne Märchen?

Großvater: Orientalische. Am Titel der Sammlung hört ihr's schon. Sie hieß ›Dschinnistan‹. Und in diesen Märchen kommen wörtlich »die sternflammende Königin« und ihre »fackeltragenden Dienerinnen« vor und ein »lüsterner Mohr« und ein »Tempel der Wahrheit und Freundschaft« und drei Knaben, die zu einem Prinzen sagen: »Sei standhaft, erdulde alles, was dir begegnen mag.« Und noch ein anderes Buch von Wieland diente als Anregung. Mozart liebte es sehr.

Jörg: Wie heißt es denn?

Großvater: ›Oberon‹.

Jörg: Ist das die Geschichte vom Ritter Hüon? Die kenn ich. Der mußte ja irre schwere Abenteuer bestehn.

Großvater: Es gibt viele Ähnlichkeiten zwischen Wielands Gedicht und der ›Zauberflöte‹. Zwei überirdische Wesen, der Elfenkönig Oberon und seine Gemahlin Titania, entzweien sich. In ihren Streit werden die Menschen hineingezogen.

Jörg: Du meinst Ritter Hüon und die Sultanstochter Rezia!

Großvater: Ja. Dieses Paar wird vielen Gefahren ausgesetzt. Es gerät in Seenot, erduldet das Feuer eines Scheiterhaufens . . .

Jörg: . . . und wird gerettet durch Oberons Horn.

Renata: Ist das auch so ein Wunderinstrument, nach dessen Zaubertönen die Feinde tanzen müssen?

Jörg: Genau. In der höchsten Gefahr bläst es der Knappe Scherasmin.

Großvater: Und dieser Scherasmin ähnelt dem Papageno. Er ist ein Naturmensch.

Jörg: Und wie! Als Hüon ihn in der Wildnis trifft, hat er als Waffe eine Keule. Er findet auch 'ne Frau, die zu ihm paßt.

Großvater: Und auffällig ist, daß die Knaben der ›Zauberflöte‹ viel Ähnlichkeit mit Oberons Elfen haben.

Renata: ›Oberon‹ ist doch eine Oper von Weber. Die Ouvertüre hör ich gern. Sie fängt mit dem Zauberhorn an.

Großvater: Es freut mich, Renata, wie gut du die klassische Musik kennst!

Renata: Sie ist mein Hobby.

Großvater: Ich weiß. Dann interessiert dich sicher, daß Weber seine Oper ›Oberon‹ fünfunddreißig Jahre nach Mozarts Tod komponierte. Auf die ›Zauberflöte‹ hatte also nur Wielands Dichtung Einfluß. Nicht Webers Oper. Aber Mozart schrieb zwölf Jahre vor der ›Zauberflöte‹ die Musik zu einem Schauspiel, das auch in Ägypten spielt. Es heißt ›Thamos‹.

Renata: Gibt's da Ähnlichkeiten?

Großvater: Einige. Im Mittelpunkt des Stückes steht ein weiser Oberpriester. Der dient dem Sonnengott im Tempel zu Heliopolis und hat rachsüchtige Gegenspieler, die ihn ermorden wollen.

Jörg: Wie Sarastro.

Großvater: Überhaupt interessierte man sich sehr für das alte Ägypten. Natürlich weiß man heute mehr darüber. Inzwischen wurden ja die sonderbaren Schriftzeichen entziffert . . .

Jörg: . . . die Hieroglyphen?

Großvater: Ja, so nennt man sie. Man hat auch vieles ausgegraben, was noch unter dem Wüstensand verborgen lag, als Mozart ›Die Zauberflöte‹ komponierte. Damals aber schrieb der französische Gelehrte Terrasson einen Ägypten-Roman. Der wurde das, was wir heute einen Bestseller nennen. Matthias Claudius übersetzte ihn ins Deutsche.

Renata: Ist das der mit dem Gedicht ›Der Mond ist aufgegangen‹?

Großvater: Ja, das ist er. Und die Worte, die in der ›Zauberflöte‹ die geharnischten Wächter singen . . .

132

Renata: »Der, welcher wandert diese Straße voll Beschwerden . . .«

Großvater: Ja, diese Worte nahm Schikaneder aus Terrassons Buch.

Renata: Das war wunderbar auf der Bühne! So geheimnisvoll!

Großvater: Du weißt, wann Mozart ›Die Zauberflöte‹ komponiert hat?

Renata: In seinem Todesjahr.

Großvater: Viel Mißgeschick überschattete seine letzten Lebensjahre.

Renata: Ich hab's gelesen.

Großvater: Aber Mozart erlebte in dieser Zeit etwas, von dem er nur zu seinem Vater sprach. Es war das stille Glück der Freundschaft mit klugen, würdigen und gütigen Männern. Es gab einen Freundesbund, dem viele berühmte Dichter, Staatsmänner und Geistliche angehörten. Selbst der Kaiser war dabei. Sie hatten hohe Ideale.

Jörg: Welche denn?

Großvater: Menschenwürde . . . Menschenliebe . . . Gedankenfreiheit. Es war ja die Zeit, in der die Menschenrechte verkündet wurden.

Jörg: 1776 in USA.

Großvater: Bravo!

Renata: Mir ist die Stelle aufgefallen, wo von Tamino gesagt wird: »Er ist ein Prinz.« Und Sarastro antwortet: »Mehr noch – er ist Mensch.«

Großvater: Das ist eine Stelle, die schon Mozarts Zeitgenossen aufhorchen ließ. Zum Humanitäts-Ideal – wie man es nannte – gehörte auch religiöse Duldsamkeit.

Jörg: Achso! Darum »Sei standhaft, *duldsam* und verschwiegen!« Jetzt versteh ich die Mahnung ganz.

Großvater: In Wien sammelten sich die Freunde um den Freiherrn von Born. Das war ein Gelehrter, der eine Bibliothek von zweitausend Bänden besaß.

Jörg: Ui! Zweitausend Bücher!

Großvater: Ignaz von Born hatte einen Aufsatz geschrieben über ›Die Mysterien der Ägypter‹. Und er hielt oft Vorträge im Freundeskreis, zu dem auch Mozart gehörte.

Renata: Wovon handelten denn die Vorträge?

Großvater: Besonders von einer Ausgrabung in Herculaneum.

Jörg: Wo?

Großvater: Ich wette, du hast schon von Pompeji gehört.

Jörg: Selbstverständlich. Das war 'ne Römerstadt dicht beim Vesuv. Und als der mal fürchterlich Feuer spuckte, hat er alles zugeschüttet mit seiner Lava. Aber später, da hat man Pompeji wieder ausgegraben.

Großvater: Die Stadt Herculaneum hatte das gleiche Schicksal. Und 1760 wurde dort in einer römischen Villa ein Wandbild freigelegt.

Renata: Was ist denn darauf zu sehn?

Großvater: Eine Szene aus dem geheimen Mysterium der Isis.

Renata: Isis und Osiris, das sind doch die Götter in der ›Zauberflöte‹. Ich glaub, davon wissen wir zu wenig.

Jörg: Gibt's Bücher über sowas?

Großvater: Viele. Sie heißen ›Mythen der Völker‹ oder so ähnlich. Ihr könnt auch im Lexikon nachschlagen.

Renata: Am besten ist doch, du erzählst uns, was wir wissen müssen, um ›Die Zauberflöte‹ zu verstehn.

Großvater: Nun – dann fragen wir uns doch: Woher wußte denn Mozart etwas über Isis und Osiris?

Renata: Von dem Freund . . .

Großvater: . . . dem Freiherrn von Born.

Jörg: Ja, der mit den zweitausend Büchern!

Großvater: Ihr seid auf der rechten Spur. Es waren darunter Bücher von Plutarch und Apulejus und Heliodor.

Renata: Die Namen klingen aber schön!

Großvater: Es sind antike Schriftsteller, die über die Mysterien berichtet haben. Plutarch zum Beispiel hat ein Buch geschrieben ›Über Isis und Osiris‹.

Jörg: Was steht denn da drin?

Großvater: Daß der ägyptische Gott Osiris wie ein Mensch sterben mußte. Dann aber als Gott auferstanden ist.

Renata: Und Isis? Das ist doch eine Göttin?

Großvater: Die Gemahlin des Osiris. Sie hat ihn begraben. So wie man Weizenkörner in die dunkle Erde sät. Und wie die Saat aufgeht, so ist Osiris durch die Strahlen der Sonne zu neuem Leben erwacht.

Renata: Der Sonnengott ist wieder dabei.

Großvater: Ja, es ist eine merkwürdige Göttersage. Isis und Osiris hatten einen Sohn. Der hieß als kleines Kind Harpokrates. Und es gibt ägyptische Statuen, die Isis darstellen mit ihrem Kind auf dem Schoß. Der kleine Harpokrates schaut uns schon recht gescheit an. Und er hält dabei seinen Zeigefinger an die Lippen.

Renata: Warum?

Großvater: Das ist umstritten. Moderne Gelehrte sagen, der göttliche Knabe lutsche am Finger.

Jörg: Gab's denn noch keinen Schnuller?

Großvater: Auf diese hoch wissenschaftliche Frage weiß ich keine Antwort. In der Mozartzeit fand man jedenfalls einleuchtender, was Plutarch dazu berichtet hat. Denn der sah auf seiner Ägyptenreise vielleicht Harpokrates-Statuen, die uns nicht mehr erhalten sind.

Renata: Und was hat Plutarch darüber berichtet?

Großvater: Er schrieb, der Götterknabe lege den Zeigefinger auf die Lippen und meine damit: Hüte mein Geheimnis!

Jörg: Was denn für'n Geheimnis?

Großvater: Das Geheimnis der Verwandlung. Denn der Sohn von Isis und Osiris verwandelte sich, als er heranwuchs, in einen Himmelsgott. Er glich dann der Sonne, wenn sie am Horizont aufsteigt. Darum wurde er als Falke dargestellt und Horus genannt.

OSIRIS,
ägyptischer Gott
des Totenreiches und des
ewigen Lebens
Er trägt die Krone
und die Zeichen
seiner Herrschaft.

HARPOKRATES,
Sohn des Göttespaares
als Knabe

ISIS,
Gattin des Osiris,
ägyptische Göttin des Getreides
und der Auferstehung.
In der Hand hält sie das
Henkelkreuz, ein ägyptisches
Symbol des ewigen Lebens.

HORUS,
Sohn des Götterpaares Isis und Osiris
als Himmelsgott in Falkengestalt

Renata: Du hast uns erzählt, daß bei der Einweihung die . . . wie hießen sie noch? . . .

Großvater: . . . die Mysten . . .

Renata: . . . ja, daß die Mysten Geheimnisse erfahren haben. Über das Walten der Götter und über die Seele des Menschen.

Großvater: So war es. Und von Plutarch wissen wir sogar die Worte, die der Priester sprach: »Seid mutig! Da der Gott gerettet ist, wird auch uns nach Leiden Heil zuteil.«

Jörg: Heil? Was heißt das?

Großvater: Verwandelt werden. Neugeboren werden. Auferstehen wie das Saatkorn aus dem Grab der Erde, wie der Sonnengott aus der Nacht.

Renata: Erfahren das nicht auch Tamino und Pamina bei ihren Prüfungen?

Großvater: Ja. Es ist ihre Initiation.

Jörg: Wie kommt aber die ägyptische Göttergeschichte von Isis und Osiris auf das Wandbild einer römischen Villa?

Großvater: Den Isis-und-Osiris-Kult gab es neben anderen Kulten auch im römischen Reich. Sogar an der Donau hat man Heiligtümer der Isis ausgegraben.

Renata: Du hast vorhin noch andere Namen genannt, die so schön klangen.

Großvater: Apulejus?

Renata: Ja der!

Großvater: Er schrieb einen lateinischen Roman. Sein Held ist der junge Lucius. Der wird zur Strafe für sein Plaudern von einer Hexe in einen Esel verzaubert und kann dann nur noch »i – a« sagen.

Jörg: Wie Papageno! Der hat mit dem Schloß vorm Mund nur noch gebrummt.

Renata: Wird der arme Lucius zurückverwandelt?

Großvater: Ja. Ein Isis-Priester erkennt den Zauber. Er gibt dem Esel Rosen zu fressen. Sogleich ist Lucius wieder ein Mensch.

Jörg: Rosen als Eselsfutter? Komisch!

Renata: Garnicht! Sie sind doch der Gegenzauber.

Großvater: Ja, der Schluß des Romans ist ernst. Nachdem Lucius lange ein Tier war, wird er als Mensch in das göttliche Mysterium eingeweiht. Der Roman ist also auch ein Vorbild zur ›Zauberflöte‹. Denn Lucius muß bis an die Grenzscheide zwischen Leben und Tod gehen. Danach erlebt er die Stunde seiner »geistigen Geburt« – wie Apulejus wörtlich schreibt – und schaut im Sonnentempel »den Gott im hellsten Glanz von Angesicht zu Angesicht.«

Renata: Bei den Büchern, weißt du, da war noch ein dritter Name. Der hörte sich am schönsten an.

Großvater: Heliodor?

Renata: Ja, Heliodor!

Großvater: Wollt ihr denn von dem auch noch hören? Wird's nicht zuviel?

Jörg: Mir nicht.

Renata: Bitte, Großvater, du kannst so schöne Geschichten erzählen. Von Heliodor sicher auch eine.

Großvater: Er schrieb einen griechischen Roman. Darin muß ein junges Paar sehr harte Prüfungen erdulden. Vieles ist dem Zauberflöten-Märchen recht ähnlich. So wird das Mädchen Charikleia vom Sonnenpriester erzogen.

Renata: Wie Pamina von Sarastro.

Großvater: Und am Schluß des Romans vereint der Priester das Paar im Tempel von Delphi. Die beiden werden mit der weißen Stirnbinde der Eingeweihten geschmückt und ins Priesteramt eingesetzt.

Renata: Im Programmheft steht über die Priester in Mozarts Oper, sie sind frauenfeindlich.

Großvater: Zu solchen Urteilen kommt nur, wer das Textbuch nicht aufmerksam liest. Singen die Priester: »Hütet euch vor den Frauen?«

Renata: Nein. Sie singen: »Hütet euch vor Weibertücken!«

Großvater: Vor Tücken also. Und die Warnung hat ja seinen Grund. Denn kurz danach versuchen die verschleierten Damen auf listige Art, Tamino von seinem Weg zu locken.

Jörg: Vom Heraklesweg. Er läßt sie aber abblitzen.

Großvater: In den Tempeln der Ägypter, der Griechen, der Römer, der Kelten und auch bei unseren Vorfahren gab es Priesterinnen.

Renata: Und in den Weisheitstempel der ›Zauberflöte‹ wird ja auch Pamina aufgenommen.

Großvater: Die Mißdeutungen, die immer wieder über Mozarts ›Zauberflöte‹ zu hören und zu lesen sind, haben einen Grund.

Jörg: So? Welchen denn?

Großvater: Von den Worten, die gesungen werden, wird bei den Aufführungen nichts ausgelassen. Aber die Teile des Textes, die gesprochen werden, sind oft so stark gekürzt und verstümmelt, daß man den Sinn der Oper nicht mehr verstehen kann.

Renata: Das hab ich auch gemerkt. Was ich vorher im Textbuch gelesen hatte, das wurde auf der Bühne nicht alles gesagt.

Großvater: Es entstehen auch irrige Deutungen der ›Zauberflöte‹, wenn man das Personenverzeichnis nicht sinngemäß liest. »Drei Knaben« – das heißt in der Theaterpraxis: die Rollen werden von Sängerknaben gesungen. Es stand aber im ersten gedruckten Textbuch nicht »drei Knaben«, sondern »drei Genien«. So nannte Mozart die elfenleichten Luftgeister. Denn er sah in diesen Märchengestalten so etwas wie Schutzengel. Läßt ein Opernregisseur statt dessen drollige Lausbuben auftreten, so vergröbert er Mozarts Werk. Und wenn im Personenverzeichnis steht: »drei Damen«, dann sind damit nicht die Operngestalten bezeichnet, sondern die Sängerinnen, die sie darstellen. In der italienischen Oper hieß die erste Sängerin ›Primadonna‹, auf deutsch: erste Dame.

Jörg: Das Wort kenn ich.

Renata: In der ›Zauberflöte‹ singt die Primadonna die schwierigen Arien der Königin der Nacht.

Großvater: Und andere Sängerinnen, die mitwirken, nannte man einfach ›Damen‹.

Renata: Sie trugen schwarze Schleier.

Großvater: Weil sie zum Nachtreich gehören. Auch sie sind Göttinnen.

Renata: So?

Großvater: Schicksalsgöttinnen. Die Griechen nannten sie Moiren, die Römer Parzen, die Germanen Nornen.

Renata: Darüber weiß ich was. Die erste war Urd. Sie hebt das neugeborene Kind aus dem Brunnen. Die zweite war Werdandi. Sie läßt es aufwachsen. Die dritte war Skuld. Sie reißt den Lebensfaden entzwei.

Großvater: Im Märchen treten die Schicksalsgöttinnen als weise Frauen an Dornröschens Wiege.

Renata: Achja! Jede schenkt dem Kind eine gute Gabe. Aber die letzte ist die Böse, sie sagt: »Die Königstochter soll sich in ihrem fünfzehnten Jahr an einer Spindel stechen und tot hinfallen.«

Jörg: In der ›Zauberflöte‹ ist die letzte auch die Böse. Sie hält dem Papageno ein Schloß vor'n Mund und schnappt es zu.

Großvater: Ja, sie macht ihn mundtot.

Renata: Gottlob nur für ein Weilchen!

Großvater: In Mozarts letzter Oper sind viele Wunder verborgen. Ich hab immer wieder neue entdeckt. Das großartigste ist für mich, daß Tamino und Pamina sogar die Schicksalsgöttinnen besiegen. Wie Orpheus von Eurydike sollte auch Tamino von Pamina unerbittlich getrennt werden.

Renata: Achja. Die Königin der Nacht versprach Pamina zuletzt ja dem Monostatos.

Großvater: Aber das liebende Paar ist stärker als die Macht des Schicksals. Vereint gelingt es Tamino und Pamina, aus dem Todesreich herauszukommen. Dabei haben sie einen Helfer.

Renata: So? Wen denn?

Großvater: Erinnert ihr euch noch? Wir sprachen von der Zahl Drei.

Renata: Die heilige Zahl in Mozarts Oper.

Großvater: Bei den letzten Prüfungen könnt ihr dieses Symbol noch einmal entdecken. Denn nicht Zwei, sondern Drei gehen durch Feuersglut und Wasserfluten: Der Mann . . . die Frau . . . und der helfende Gott.

138

Renata: Ist er denn dabei?

Großvater: Ja. In der Gestalt seines Geschenkes.

Renata: Achso! Die Zauberflöte, auf der Tamino spielt!

Jörg: Das Feuer, durch das sie gehn, das war überhaupt das Aufregendste in der ganzen Oper.

Renata: Und wie Tamino und Pamina dabei gesungen haben! So wunderbar vereint!

Jörg: Ich mußte nicht bloß an Siegfried denken, wie der so ohne jede Furcht durch die Waberlohe spurtet. Ich habe auch an unser Johannesfeuer gedacht, oben auf dem Berg.

Renata: Da war ich auch dabei.

Jörg: Zuerst, als der Holzstoß lichterloh brannte, da haben wir alle rundum gesessen und ganz still in die Flammen geschaut.

Renata: Nachher, als das Feuer schon weiter runtergebrannt war, haben zwei Musik gemacht auf Akkordeon und Gitarre. Und dann haben sich einige Burschen und Mädchen an den Händen gefaßt und sind paarweise übers Feuer gesprungen.

Großvater: Das Feuer, so gefährlich es ist, hatte immer eine geheimnisvolle Anziehungskraft auf die Menschen. In den Tempeln wurde es gehütet. Und zu heiligen Zeiten entzünden auch wir noch die offene Flamme.

Renata: Ja, Kerzen! Auf dem Altar. Und im Advent am Kranz. Und Weihnachten am Baum.

Großvater: Das Feuer war auch ein Sinnbild der Wahrheit. Man legte in alten Zeiten, statt einen Eid zu schwören, die Hand ins Feuer. Und in manchen Bibeln steht die Geschichte von den drei Jünglingen im Feuerofen.

Jörg: Die kenn ich. Der König von Babylon, der hatte eine Wut auf sie. Sie wollten nämlich nicht an seine Götter glauben. Darum sollten sie verbrannt werden. Aber sie vertrauten auf *ihren* Gott. Und mitten in den Flammen, da haben sie Loblieder gesungen auf den Gott Jahwe. Und so konnte ihnen das Feuer nichts antun.

Renata: Genau so wenig, wie dem Tamino und der Pamina.

Jörg: Und dann das rauschende Wasser. So unheimlich grünblau beleuchtet! Ich bin nicht dahinter gekommen, wie sie das auf der Bühne getrickst haben.

Renata: Ist denn darin auch ein Sinnbild verborgen?

Großvater: Gewiß. Als Symbol reinigt und heiligt das Wasser die Seelen.

Renata: Du denkst an die Taufe?

Großvater: Auch an das Weihwasser. Und an die Brunnen im Vorhof der Moscheen. Und an den heiligen Fluß der Inder.

Jörg: Den Ganges.

Großvater: Die Pilger steigen hinein. Denn sie glauben, seine sanfte Strömung befreie ihre Seele von allen dunklen Begierden.

Renata: Ob ich will oder nicht, ich muß immer an die Opernaufführung denken, die wir sehn durften. Und die wunderbar tiefe Stimme von Sarastro! Das muß ich dir gestehn, Großvater, die . . . sie . . . ach, ich kann's nicht sagen.

Großvater: Ich versteh schon, Renata. Sarastros Stimme hat dich beeindruckt. Du hörtest aus ihrem Klang, wie gütig er ist, wie er die Menschen liebt. Unter seiner milden Leitung entwickelte sich Tamino vom leichtgläubigen Jüngling zum wahrheitsliebenden Mann.

Renata: Und Pamina?

Großvater: Vom ängstlichen Kind zur mutigen Gefährtin.

Renata: Wie schön!

Großvater: Sarastro wußte lange voraus, daß die Seelen der beiden füreinander bestimmt waren. Und so führte er Pamina und ihren Prinzgemahl in der Obhut des Tempels zusammen. Pamina liebt er besonders. Nicht, weil sie als Kind der Götter den höchsten Rang von allen Gestalten des Zauberflötenmärchens einnimmt. Ihre Mutter ist die Göttin der Nacht . . .

Renata: . . . und ihr Vater der Gott des Lichtes. Das hab ich an ihrer Wahrheitsliebe gemerkt. Auch daran, daß sie den Mordbefehl der Mutter verweigert.

Großvater: Sie wurde Sarastro anvertraut. Er ist der Stellvertreter des Sonnengottes. Er ersetzt ihr den Vater. Denn auch sie muß den Weg der Läuterung gehen.

Jörg: Was heißt das? Läuterung?

Großvater: Selbstbefreiung von blinden Leidenschaften. Zwischen dem Reich der Finsternis und dem Reich des Lichtes muß sich die Seele entscheiden.

Renata: Ist das der Sinn der ›Zauberflöte‹.

Großvater: Kurz gesagt, ja.

Jörg: Das gilt doch auch für Tamino?

Großvater: Gewiß. Als Prinz ist er Sarastros Schüler.

Jörg: Soso? Was ist denn sein Pensum?

Großvater: Weisheit.

Jörg: Und was ist das, genauer gesagt?

Großvater: Selbstbesinnung auf seine Aufgabe. Könige sollen nicht machtsüchtige, sondern weise Männer sein. Dann weicht der Haß aus der Welt, wie die Finsternis vor den Strahlen der Sonne.

Renata: Ja! Strahlend hell, wie lauter Gold, war die Bühne zum Schluß.

Großvater: Tamino und Pamina betreten als Erleuchtete den Tempel der Weisheit. Sie erleben den seligsten Augenblick. Ihre Seelen sind weit emporgehoben über Zeit und Raum. Denn das Licht, das ihre Augen sehen, ist das Abbild des ewigen Lichtes.

Renata: Schön hast du das gesagt, Großvater!

Großvater: Wie lautet denn das letzte Wort der ›Zauberflöte‹?

Renata: Laß mich nachsehn! Hab's schon. Die Oper endet mit dem Wort ›Krone‹. – Achja, Tamino und Pamina wurden im letzten Bild als Eingeweihte in weiße Gewänder gekleidet und mit Kronen geschmückt.

Jörg: Sind das Siegeskronen?

Großvater: So kann man sie nennen. Denn die beiden haben die Finsternis in ihren Seelen besiegt.

Renata: Meinst du mit Finsternis: Irrtum . . . Verzweiflung . . . Todesfurcht?

Großvater: Ja. Sie wurden Herrscher über sich selbst.

Renata: Jetzt fällt mir etwas ein. Zu meiner Einsegnung, da hab ich einen Spruch aus der Bibel bekommen.

Großvater: Den weißt du sicher auswendig.

Renata: »Sei getreu bis in den Tod, so will ich dir die Krone des Lebens geben!«

Großvater: Ein schöner Spruch. Er paßt zu dir und zu deinem Taufnamen. Denn gemeint ist das ewige Leben. – Und nun, ihr beiden . . . es war lieb von euch, daß ihr zu mir gekommen seid mit euren Fragen. Ich hab sie beantwortet, so gut ich konnte. Hoffentlich war's nicht zuviel.

Jörg: I wo!

Großvater: Zuweilen ging unser Gespräch etwas bunt durcheinander.

Renata: Fand ich nicht. 's ging doch immer rundherum und kreuz und quer durch Mozarts ›Zauberflöte‹.

Großvater: Na gut. Jetzt werdet ihr aber etwas anderes vorhaben.

Renata: Ich hab nur noch Klavierstunde.

Jörg: Ich muß auf den Fußballplatz. Bin doch Torwart.

Großvater: Dann nehmt noch einen Apfel mit.

Renata: Danke, Großvater. – Jörg!!! Wie hältst du denn deinen Apfel?

Jörg: Wie 'n Mikrophon.

Renata: Warum denn das?

Jörg: Es kommt doch jetzt die Absage.

Renata: Mußt du denn immer Unfug treiben?

Großvater: Laß nur den Jörg! Ohne ihn wäre unser Gespräch sicher zu ernst geworden.

Jörg: » . . . seven . . . six . . . five . . . four . . . three . . . two . . . one . . . zero!!! Meine verehrten jungen Hörer und Hörerinnen, unsre Diskussion über Mozarts Oper ›Die Zauberflöte‹ ist beendet. Hoffentlich konntet ihr uns geistig folgen. Wir danken besonders unserm Gast im Studio, Mister Grand Dad, für seine int'ressanten Ausführungen. Auch ohne den Gongschlag ist es null Minuten vor null Uhr null. Und jetzt senden wir eine Sendepause. Auf Wiederhören!«

Zur Ergänzung und Vertiefung

Textbuch
DIE ZAUBERFLÖTE
Verlag Reclam Nr. 2620

Klavierauszug
DIE ZAUBERFLÖTE
Verlag Peters Nr. 71

DIE ZAUBERFLÖTE
Text, Erläuterungen
Entstehungsgeschichte und Hinweise
auf Schallplatten
Herausgegeben von Kurt Pahlen
Verlag Goldmann-Schott
Taschenbuch (Opern der Welt)
Nr. 33001

Alfons Rosenberg
DIE ZAUBERFLÖTE
Geschichte und Deutung
von Mozarts Oper
Prestel Verlag München

———

Viele Schallplatten
Bielefelder Katalog

Der Notenteil dieses Buches erschien vergrößert, als Sonderheft für den praktischen Gebrauch, im Musikverlag Max Hieber München

144

Die drei Knaben

Tamino

Pamina

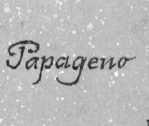

Papageno

Papagena